OECD/FAO-Leitfaden für verantwortungsvolle landwirtschaftliche Lieferketten

Dieses Dokument und die darin enthaltenen Karten berühren weder den völkerrechtlichen Status von Territorien noch die Souveränität über Territorien, den Verlauf internationaler Grenzen und Grenzlinien sowie den Namen von Territorien, Städten oder Gebieten. Die Bezeichnungen der in dieser gemeinsamen Veröffentlichung genannten Länder und Hoheitsgebiete folgen der Praxis der FAO.

Bitte zitieren Sie diese Publikation wie folgt:
OECD/FAO (2016), *OECD/FAO-Leitfaden für verantwortungsvolle landwirtschaftliche Lieferketten*, OECD Publishing, Paris.
http://dx.doi.org/10.1787/9789264261235-de

ISBN 978-92-64-26122-8 (Print)
ISBN 978-92-64-26123-5 (PDF)

FAO
ISBN ISBN 978-92-5-109395-5 (Print)

Die statistischen Daten für Israel wurden von den zuständigen israelischen Stellen bereitgestellt, die für sie verantwortlich zeichnen. Die Verwendung dieser Daten durch die OECD erfolgt unbeschadet des Status der Golanhöhen, von Ost-Jerusalem und der israelischen Siedlungen im Westjordanland gemäß internationalem Recht.

Originaltitel: *OECD-FAO Guidance for Responsible Agricultural Supply Chains*
Übersetzung durch den Deutschen Übersetzungsdienst der OECD.

Foto(s): Deckblatt © pink_cotton_candy/iStock/Thinkstock.com

Korrigenda zu OECD-Veröffentlichungen sind verfügbar unter: *www.oecd.org/about/publishing/corrigenda.htm.*

Vorwort

Der *OECD/FAO-Leitfaden für verantwortungsvolle landwirtschaftliche Lieferketten* (Leitfaden) wurde entwickelt, um Unternehmen zu helfen, bestehende Standards für verantwortungsvolles unternehmerisches Handeln entlang landwirtschaftlicher Lieferketten einzuhalten. Zu diesen Standards zählen u.a. die OECD-Leitsätze für multinationale Unternehmen, die Prinzipien für verantwortliche Investitionen in die Landwirtschaft und Nahrungsmittelsysteme und die Freiwilligen Leitlinien für die verantwortungsvolle Verwaltung von Boden- und Landnutzungsrechten, Fischgründen und Wäldern im Kontext der nationalen Ernährungssicherheit. Die Einhaltung dieser Standards hilft Unternehmen, die von ihnen verursachten negativen Effekte zu mindern und zu einer nachhaltigen Entwicklung beizutragen.

Der Leitfaden richtet sich an alle entlang landwirtschaftlicher Lieferketten tätigen Unternehmen, darunter inländische und ausländische, private und öffentliche, kleine, mittlere und große Unternehmen. Er deckt die vor- und nachgelagerten Bereiche der Landwirtschaft ab – von der Bereitstellung landwirtschaftlicher Vorleistungen bis hin zu Produktion, Nacherntebehandlung, Verarbeitung, Transport, Marketing, Vertrieb und Verkauf. Folgende entlang landwirtschaftlicher Lieferketten auftretende Risikobereiche werden behandelt: Menschenrechte; Arbeitsrechte; Gesundheit und Sicherheit; Ernährungssicherheit und Ernährung; Eigentums-, Besitz- und Nutzungsrechte an und Zugang zu natürlichen Ressourcen; Tierschutz; Umweltschutz und nachhaltige Nutzung natürlicher Ressourcen; Governance; sowie Technologie und Innovation.

Der Leitfaden besteht aus vier Teilen:

- einem Muster zur Unternehmenspolitik, das die Standards skizziert, die Unternehmen einhalten sollten, um verantwortungsvolle landwirtschaftliche Lieferketten aufzubauen (Abschnitt 1);
- einem Rahmen für risikoabhängige Due-Diligence-Prüfungen, der die fünf Stufen beschreibt, die Unternehmen befolgen sollten, um die negativen Effekte ihrer Geschäftstätigkeit zu identifizieren, zu evaluieren, zu mindern und Rechenschaft darüber abzulegen, wie sie diesen Effekten begegnen (Abschnitt 2);
- einer Beschreibung der größten Risiken, denen sich Unternehmen gegenübersehen, sowie der Maßnahmen zur Minderung dieser Risiken (Anhang A);
- einem Leitfaden für die Zusammenarbeit mit indigenen Bevölkerungsgruppen (Anhang B).

Der Leitfaden wurde von der OECD und der Ernährungs- und Landwirtschaftsorganisation der Vereinten Nationen (FAO) im Rahmen eines zwei Jahre dauernden Multi-Stakeholder-Prozesses entwickelt. Er wurde vom Investitionsausschuss der OECD, vom Landwirtschaftsausschuss der OECD sowie vom Büro des Generaldirektors der FAO gebilligt.

Die OECD hat darüber hinaus weitere sektorspezifische Leitlinien entwickelt, um Unternehmen in anderen Sektoren beim Aufbau verantwortungsvoller Lieferketten zu unterstützen, namentlich für: den Rohstoffsektor, und insbesondere für Mineralien aus Konflikt- und Hochrisikogebieten, für die Bekleidungs- und Schuhwarenindustrie sowie für den Finanzsektor.

Inhaltsverzeichnis

Tabellen

Abbildungen

Kästen

Folgen Sie OECD-Veröffentlichungen auf:

http://twitter.com/OECD_Pubs

http://www.facebook.com/OECDPublications

http://www.linkedin.com/groups/OECD-Publications-4645871

http://www.youtube.com/oecdilibrary

http://www.oecd.org/oecddirect/

Folgen Sie der FAO auf:

Food and Agriculture Organization
of the United Nations

twitter.com/FAOStatistics
twitter.com/FAOKnowledge
twitter.com/FAONews

facebook.com/UNFAO

linkedin.com/company/fao

plus.google.com/+UNFAO

instagram.com/unfao

youtube.com/user/FAOoftheUN

Abkürzungsverzeichnis

ADI	Ausländische Direktinvestitionen
CAO	Compliance Advisor Ombudsman
CBD	Übereinkommen über die biologische Vielfalt
CFS	Ausschuss für Welternährungssicherheit
CFS-RAI-Prinzipien	Prinzipien für verantwortliche Investitionen in die Landwirtschaft und Nahrungsmittelsysteme des Ausschusses für Welternährungssicherheit
DEFRA	Ministerium für Umwelt, Ernährung und ländliche Angelegenheiten (Vereinigtes Königreich)
EU	Europäische Union
FAO	Ernährungs- und Landwirtschaftsorganisation der Vereinten Nationen
FPIC	Freiwillige und in Kenntnis der Sachlage erteilte vorherige Zustimmung
ICCPR	Internationaler Pakt über bürgerliche und politische Rechte
IFAD	Internationaler Fonds für landwirtschaftliche Entwicklung
IFC	Internationale Finanz-Corporation
IFPRI	International Food Policy Research Institute
ILO	Internationale Arbeitsorganisation
IPWSKR	Internationaler Pakt über wirtschaftliche, soziale und kulturelle Rechte
ITPGR	Internationaler Vertrag über pflanzengenetische Ressourcen für Ernährung und Landwirtschaft
MIGA	Multilaterale Investitions-Garantie-Agentur
MNU	Multinationale Unternehmen
NKS	Nationale Kontaktstellen
NRO	Nichtregierungsorganisation
OECD	Organisation für wirtschaftliche Zusammenarbeit und Entwicklung
OIE	Weltorganisation für Tiergesundheit

PRAI	Grundsätze für verantwortungsvolle Agrarinvestitionen, die Rechte, Lebensgrundlagen und Ressourcen achten, entwickelt von der FAO, dem Internationalen Fond für landwirtschaftliche Entwicklung (IFAD), der Handels- und Entwicklungskonferenz der Vereinten Nationen (UNCTAD) und der Weltbank
RBC	Verantwortungsvolles unternehmerisches Handeln (Responsible Business Conduct)
VGGT	Freiwillige Leitlinien für die verantwortungsvolle Verwaltung von Boden- und Landnutzungsrechten, Fischgründen und Wäldern im Kontext der nationalen Ernährungssicherheit des Ausschusses für Welternährungssicherheit
VN	Vereinte Nationen
UNCTAD	Handels- und Entwicklungskonferenz der Vereinten Nationen
WHO	Weltgesundheitsorganisation

Geleitwort

Der OECD/FAO-Leitfaden für verantwortungsvolle landwirtschaftliche Lieferketten wird der dringenden Notwendigkeit einer praktischen Orientierungshilfe für verantwortungsvolles unternehmerisches Handeln von Unternehmen gerecht, die im Agrarsektor tätig sind. Investitionen in die Landwirtschaft haben in den letzten Jahren zugenommen und dürften weiter wachsen, da der Sektor expandiert, um die steigende Nachfrage zu decken. Mit den zunehmenden Investitionen hat auch das Bewusstsein dafür an Bedeutung gewonnen, dass sie verantwortungsvoll sein müssen. Standards für verantwortungsvolles unternehmerisches Handeln entlang landwirtschaftlicher Lieferketten sind unerlässlich, um sicherzustellen, dass die Vorteile weithin zum Tragen kommen und dass die Landwirtschaft weiterhin ihre vielfältigen Funktionen erfüllt, u.a. Ernährungssicherheit, Armutsbekämpfung und Wirtschaftswachstum.

Der OECD/FAO-Leitfaden wurde im Zeitraum zwischen Oktober 2013 und September 2015 unter der Leitung einer aus verschiedenen Akteuren bestehenden Beratergruppe erstellt, der Vertreter der OECD-Mitgliedsländer und Nichtmitgliedsländer, des privaten Sektors und der Zivilgesellschaft angehörten. Den Vorsitz der Beratergruppe führte David Hegwood, Chief of Global Engagement and Strategy, Bureau for Food Security von USAID. Die drei stellvertretenden Vorsitzenden repräsentieren die verschiedenen Stakeholder-Gruppen: Mella Frewen, Director General von FoodDrink Europe, Bernd Schanzenbaecher, Gründer und Managing Partner von EBG Capital, sowie Kris Genovese, Senior Researcher im Centre for Research on Multinational Corporations (SOMO) und Koordinator von OECD Watch.

Während ihrer Tätigkeit hat die Beratergruppe drei persönliche Treffen und drei Telefonkonferenzen abgehalten. Das erste Treffen fand am 16. Oktober 2013 statt, und die darauffolgenden am 26. Juni 2014 und am 16. März 2015. Darüber hinaus wurde am 18. Juni 2015 ein gemeinsames Treffen mit der Advisory Group on Meaningful Stakeholder Engagement in the Extractives Sector veranstaltet, um über die freiwillige und in Kenntnis der Sachlage erteilte vorherige Zustimmung zu diskutieren. Zudem wurden am 10. Februar 2014, 28. Mai 2014 und 7. Januar 2015 Telefonkonferenzen organisiert. Eine öffentliche Online-Konsultation erfolgte im Januar und Februar 2015, um Kommentare aus einem breiteren Spektrum von betroffenen Akteuren über den Entwurf des Leitfadens zu erhalten.

Dem OECD/FAO-Leitfaden kamen auch die Schlussfolgerungen des Global Forum on Responsible Business Conduct zugute, das 2014 und 2015 stattfand. Am 27. Juni 2014 wurden auf der Sondersitzung über verantwortungsvolle landwirtschaftliche Lieferketten die größten Risiken identifiziert, denen sich Unternehmen bei Investitionen in landwirtschaftliche Lieferketten gegenübersehen, und die Maßnahmen erörtert, die staatliche Stellen und Unternehmen ergreifen könnten, um derartige Risiken zu mindern und zu gewährleisten, dass landwirtschaftliche Investitionen den Ursprungs- und Gastländern ebenso wie den Investoren zugutekommen. Am 19. Juni 2015 wurden die Rollen und Verantwortlichkeiten der verschiedenen Typen von Unternehmen erörtert, die entlang landwirtschaftlicher

Lieferketten tätig sind, sowie die Art und Weise, wie sie zusammenarbeiten könnten, um ihrer Sorgfaltspflicht nachzukommen.

Die Vielfalt der Ansichten, die innerhalb der Beratergruppe vertreten wurden, trug zur Erstellung eines Leitfadens bei, dessen Schwerpunkt auf der Einhaltung der Rechte aller betroffenen Akteure liegt, auf die sich die Geschäftstätigkeit entlang landwirtschaftlicher Lieferketten negativ auswirkt, der die Rollen und Verantwortlichkeiten entlang landwirtschaftlicher Lieferketten tätiger Unternehmen definiert und praktische Vorgehensweisen zur Minderung der Risiken vorschlägt, denen sich Unternehmen gegenübersehen. Wir sind zuversichtlich, dass dieser OECD/FAO-Leitfaden ein nützliches Instrument sein wird, um die Unternehmen bei der Durchführung ihrer Due-Diligence-Prüfungen zu orientieren. Wir sind der Überzeugung, dass er ferner die Einhaltung der existierenden Standards fördern wird, die bei seiner Erarbeitung berücksichtigt wurden.

David Hegwood

Vorsitzender der Multi-Stakeholder-Beratergruppe
und Chief, Global Engagement and Strategy, Bureau for Food Security, USAID

Empfehlung des Rats über den OECD/FAO-Leitfaden für verantwortungsvolle landwirtschaftliche Lieferketten

13. Juli 2016

DER RAT,

GESTÜTZT AUF Artikel 5(b) des Übereinkommens über die Organisation für wirtschaftliche Zusammenarbeit und Entwicklung vom 14. Dezember 1960;

GESTÜTZT AUF die Erklärung über internationale Investitionen und multinationale Unternehmen [C(76)99/FINAL], die Entscheidung des Rats in Bezug auf die OECD-Leitsätze für multinationale Unternehmen [C(2000)96/FINAL geändert durch C/MIN(2011)11/FINAL] (nachstehend die „Entscheidung über die Leitsätze"), das Übereinkommen über die Bekämpfung der Bestechung ausländischer Amtsträger im internationalen Geschäftsverkehr, die Empfehlung des Rats zu den Sorgfaltsgrundsätzen für verantwortungsvolles Lieferkettenmanagement für Mineralien aus Konflikt- und Hochrisikogebieten (Recommendation of the Council on Due Diligence Guidance for Responsible Supply Chains of Minerals from Conflict-Affected and High-Risk Areas) [C/MIN(2011)12/FINAL geändert durch C(2012)93] und die Empfehlung des Rats zum Politikrahmen für Investitionen (Recommendation of the Council on the Policy Framework for Investment) [C(2015)56/REV1];

EINGEDENK der Tatsache, dass das gemeinsame Ziel der Staaten, die die Einhaltung der Leitsätze für multinationale Unternehmen (nachstehend die „Leitsätze") empfehlen, darin besteht, verantwortungsvolles unternehmerisches Handeln zu fördern;

EBENFALLS EINGEDENK der Tatsache, dass die Entscheidung über die Leitsätze vorsieht, dass der Investitionsausschuss in Zusammenarbeit mit den Nationalen Kontaktstellen eine proaktive Agenda gemeinsam mit den betroffenen Akteuren verfolgen soll, um die effektive Einhaltung der in den Leitsätzen enthaltenen Grundsätze und Standards im Hinblick auf bestimmte Produkte, Regionen, Sektoren oder Branchen durch die Unternehmen zu fördern;

IN ANBETRACHT der Anstrengungen der internationalen Gemeinschaft, insbesondere des Ausschusses für Welternährungssicherheit und der Ernährungs- und Landwirtschaftsorganisation der Vereinten Nationen (FAO), zur Förderung verantwortungsvoller Investitionen in die Landwirtschaft und Nahrungsmittelsysteme sowie der verantwortungsvollen Verwaltung von Boden- und Landnutzungsrechten, Fischgründen und Wäldern;

IN DER ERKENNTNIS, dass der Aufbau verantwortungsvoller landwirtschaftlicher Lieferketten für eine nachhaltige Entwicklung von entscheidender Bedeutung ist;

IN DER ERKENNTNIS, dass staatliche Stellen, Unternehmen, zivilgesellschaftliche Organisationen und internationale Organisationen sich auf ihre jeweiligen Kompetenzen und Rollen stützen können, um verantwortungsvolle landwirtschaftliche Lieferketten aufzubauen, die der Gesellschaft insgesamt zugutekommen;

UNTER HINWEIS DARAUF, dass es sich bei der Sorgfaltspflicht um einen laufenden, proaktiven und reaktiven Prozess handelt, durch den Unternehmen sicherstellen können, dass sie staatlich gestützte Standards für verantwortungsvolle landwirtschaftliche Lieferketten in Bezug auf Menschenrechte, Arbeitsrechte, Gesundheit und Sicherheit, Ernährungssicherheit und Ernährung, Landrechte, Tierschutz, Umweltschutz und die Nutzung natürlicher Ressourcen, Governance sowie Technologie und Innovation einhalten;

GESTÜTZT AUF den OECD/FAO-Leitfaden für verantwortungsvolle landwirtschaftliche Lieferketten (nachstehend der „Leitfaden"), der durch den Investitionsausschuss und den Landwirtschaftsausschuss in Zusammenarbeit mit der FAO geändert werden kann;

UNTER HINWEIS DARAUF, dass dieser Leitfaden ein Muster zur Unternehmenspolitik vorsieht, das den Inhalt existierender Standards für verantwortungsvolle landwirtschaftliche Lieferketten skizziert, ebenso wie einen fünfstufigen Due-Diligence-Rahmen, der die Stufen beschreibt, die Unternehmen befolgen sollten, um die von ihren Tätigkeiten oder ihren Geschäftsbeziehungen ausgehenden tatsächlichen und potenziellen negativen Effekte zu identifizieren, zu evaluieren, zu mindern und Rechenschaft darüber abzulegen, wie sie diesen Effekten begegnen;

Auf Vorschlag des Investitionsausschusses und des Landwirtschaftsausschusses:

I. **EMPFIEHLT**, dass die Mitgliedsländer und Nichtmitgliedsländer, die dieser Empfehlung beitreten (nachstehend „die Teilnehmer"), und gegebenenfalls ihre Nationalen Kontaktstellen für die Leitsätze (nachstehend „NKS") die Anwendung des Leitfadens durch Unternehmen, die auf ihrem Staatsgebiet tätig sind bzw. von dort aus operieren, aktiv fördern mit dem Ziel zu gewährleisten, dass sie international vereinbarte Standards für verantwortungsvolles unternehmerisches Handeln entlang landwirtschaftlicher Lieferketten einhalten, um die von ihren Tätigkeiten ausgehenden negativen Effekte zu verhüten und zu einer nachhaltigen Entwicklung beizutragen, insbesondere zur Armutsbekämpfung, zur Ernährungssicherheit und zur Gleichstellung der Geschlechter;

II. **EMPFIEHLT** insbesondere, dass die Teilnehmer Maßnahmen ergreifen, um die Einführung des Musters zur Unternehmenspolitik durch auf ihrem Staatsgebiet tätige bzw. von dort aus operierende Unternehmen und die Einbeziehung des in dem Leitfaden dargelegten fünfstufigen Rahmens für risikoabhängige Due-Diligence-Prüfungen entlang landwirtschaftlicher Lieferketten in die Unternehmensmanagementsysteme aktiv zu unterstützen;

III. **EMPFIEHLT**, dass die Teilnehmer und gegebenenfalls ihre NKS mit Unterstützung des OECD-Sekretariats, u.a. durch seine Aktivitäten mit den Vereinten Nationen und internationalen Entwicklungsorganisationen, eine möglichst umfassende Verbreitung des Leitfadens und dessen aktiver Nutzung durch verschiedene beteiligte Akteure sicherstellen, darunter landwirtschaftliche Unternehmen, nachgelagerte und vorgelagerte Unternehmen, betroffene Gemeinden und zivilgesellschaftliche Organisationen, und dem Investitionsausschuss und dem Landwirtschaftsausschuss über die Verbreitung und die Anwendung des Leitfadens regelmäßig Bericht erstatten;

IV. **ERSUCHT** die Teilnehmer und den Generalsekretär, diese Empfehlung einem breiten Kreis zur Kenntnis zu bringen;

V. **ERSUCHT** die Nichtteilnehmer, der vorliegenden Empfehlung gebührend Rechnung zu tragen und ihr beizutreten;

VI. **WEIST** den Investitionsausschuss und den Landwirtschaftsausschuss **AN**, die Umsetzung dieser Empfehlung zu verfolgen und dem Rat darüber spätestens fünf Jahre nach ihrer Verabschiedung sowie anschließend nach Bedarf Bericht zu erstatten.

Kapitel 1

Einleitung

Hintergrund

Mit weltweit mehr als 570 Millionen landwirtschaftlichen Betrieben dürfte der Agrarsektor[1] auch in Zukunft weitere Investitionen anziehen. Dies gilt insbesondere für Südasien und Subsahara-Afrika, wo der landwirtschaftliche Kapitalstock je Arbeitskraft mit 1 700 US-$ bzw. 2 200 US-$ gegenüber 16 500 US-$ in Lateinamerika und der Karibik und 19 000 US-$ in Europa und Zentralasien relativ gering ist (FAO, 2012 und 2014). In den kommenden Jahren werden die Preise für Agrarerzeugnisse den Projektionen zufolge auf einem höheren Niveau verharren als in den Jahren vor der Preisspitze 2007-2008, da die Nahrungsmittelnachfrage auf Grund des Bevölkerungswachstums, höherer Einkommen und einer Veränderung der Ernährungsgewohnheiten steigt. Auch die Nachfrage nach landwirtschaftlichen Erzeugnissen des Nichtnahrungsmittelsektors wächst (OECD/FAO, 2015).

Unternehmen, die entlang landwirtschaftlicher Lieferketten tätig sind, können maßgeblich zu einer nachhaltigen Entwicklung beitragen, indem sie Arbeitsplätze schaffen und Fachwissen, Technologien und Finanzierungskapazitäten einbringen, um die Nachhaltigkeit der landwirtschaftlichen Produktion zu erhöhen und Verbesserungen in den Lieferketten zu erzielen. Dies kann die Lebensmittel- und Ernährungssicherheit verbessern und zum Erreichen der Entwicklungsziele der Gastländer beitragen. International vereinbarte Grundsätze verantwortungsvollen unternehmerischen Handelns (RBC)[2] sollen sicherstellen, dass Unternehmen zu einer nachhaltigen Entwicklung beitragen. Solche Grundsätze werden bereits von einer erheblichen Zahl an Unternehmen genutzt. Die mit der Nichteinhaltung dieser Grundsätze verbundenen Risiken können steigen, wenn vermehrt neue Akteure wie institutionelle Investoren an landwirtschaftlichen Lieferketten beteiligt sind und eine wachsende Zahl von Investoren neue Märkte erschließt, u.a. in Ländern mit schwachen Regierungsstrukturen.

Ein Leitfaden zur Einhaltung bestehender Standards für verantwortungsvolles unternehmerisches Handeln[3] für die an landwirtschaftlichen Lieferketten beteiligten Unternehmen ist unerlässlich, um negative Effekte zu vermeiden und sicherzustellen, dass landwirtschaftliche Investitionen Unternehmen[4], Ländern und Gemeinden zugutekommen und zur nachhaltigen Entwicklung sowie insbesondere zur Verringerung der Armut, zur Ernährungssicherheit und zur Gleichstellung der Geschlechter beitragen. Die Bandbreite an Unternehmen, auf die dieser Leitfaden für verantwortungsvolle landwirtschaftliche Lieferketten (Leitfaden) abzielt, umfasst direkt in der landwirtschaftlichen Produktion tätige Unternehmen wie Kleinerzeuger und andere in Form von Geschäftsbeziehungen[5] beteiligte Akteure wie Investmentfonds, Staatsfonds oder Banken[6].

Zweck

Der Leitfaden hat das Ziel, Unternehmen zu helfen, bestehende Standards für verantwortungsvolles unternehmerisches Handeln entlang landwirtschaftlicher Lieferketten einzuhalten[7], einschließlich der OECD-Leitsätze für multinationale Unternehmen (OECD-Leitsätze). Er zielt darauf ab, den Risiken negativer ökologischer, sozialer und die Menschenrechte betreffender Effekte vorzubeugen und eine potenziell hilfreiche Ergänzung zur Arbeit der Nationalen Kontaktstellen (NKS) zu bieten, die beauftragt sind, die wirksame Anwendung der OECD-Leitsätze zu fördern (vgl. Kasten 1.1). Er kann Regierungen, insbesondere NKS, bei ihren Anstrengungen zur Förderung der OECD-Leitsätze sowie bei der Erläuterung bestehender Standards im Agrarsektor unterstützen.

Der Leitfaden bezieht sich auf bestehende Standards, um Unternehmen bei der Einhaltung dieser Standards und der Durchführung risikoabhängiger Due-Diligence-Prüfungen zu unterstützen. Er bezieht sich nur auf die für landwirtschaftliche Lieferketten relevantesten Teile der OECD-Leitsätze und anderer Standards und soll diese nicht ersetzen. Daher sollten Unternehmen direkt auf die jeweiligen Standards Bezug nehmen, wenn sie eventuelle Ansprüche in Bezug auf deren Einhaltung geltend machen. Nicht alle Teilnehmer der Erklärung über internationale Investitionen und multinationale Unternehmen, deren fester Bestandteil die OECD-Leitsätze sind, oder alle Mitglieder der FAO stimmen diesem Leitfaden zu.

Geltungsbereich

Der Leitfaden berücksichtigt bestehende Standards, die für verantwortungsvolles unternehmerisches Handeln entlang landwirtschaftlicher Lieferketten relevant sind, darunter:

- die OECD-Leitsätze für multinationale Unternehmen (OECD-Leitsätze);
- die Prinzipien für verantwortliche Investitionen in die Landwirtschaft und Nahrungsmittelsysteme des Ausschusses für Welternährungssicherheit (CFS-RAI-Prinzipien);
- die Freiwilligen Leitlinien für die verantwortungsvolle Verwaltung von Boden- und Landnutzungsrechten, Fischgründen und Wäldern im Kontext der nationalen Ernährungssicherheit des Ausschusses für Welternährungssicherheit (VGGT);
- die von der FAO, dem Internationalen Fonds für landwirtschaftliche Entwicklung (IFAD), der Handels- und Entwicklungskonferenz der Vereinten Nationen (UNCTAD) und der Weltbank entwickelten Grundsätze für verantwortungsvolle Agrarinvestitionen, die Rechte, Lebensgrundlagen und Ressourcen achten („Principles for Responsible Agricultural Investment that Respects Rights, Livelihoods and Resources" – PRAI);
- die Leitprinzipien für Wirtschaft und Menschenrechte [Umsetzung des Rahmens der Vereinten Nationen „Schutz, Achtung und Abhilfe"] (Leitprinzipien der Vereinten Nationen);
- die Dreigliedrige Grundsatzerklärung der Internationalen Arbeitsorganisation über multinationale Unternehmen und Sozialpolitik (MNE-Erklärung der ILO);
- das Übereinkommen über die biologische Vielfalt (CBD), einschließlich der Akwé:Kon-Richtlinien;
- das Übereinkommen über den Zugang zu Informationen, die Öffentlichkeitsbeteiligung an Entscheidungsverfahren und den Zugang zu Gerichten in Umweltangelegenheiten der VN-Wirtschaftskommission für Europa (Aarhus-Übereinkommen).

Die oben genannten Standards erfüllen folgende drei von der Beratergruppe[8] festgelegten Kriterien: Sie wurden im Rahmen eines zwischenstaatlichen Prozesses ausgehandelt und/oder angenommen, sind für landwirtschaftliche Lieferketten relevant und richten sich vor allem an Unternehmen/Investoren. In Kasten 1.1 werden die vier wichtigsten in diesem Leitfaden behandelten Standards genauer beschrieben. Darüber hinaus berücksichtigt der Leitfaden folgende Standards, die diese Kriterien nicht erfüllen, aber häufig genutzt werden, sofern sie mit den vorstehend genannten Standards vereinbar sind:

- die Performance Standards der Internationalen Finanz-Corporation;
- die Prinzipien der Initiative UN Global Compact.

Auch auf zusätzliche Instrumente wie die Menschenrechtsverträge der Vereinten Nationen wird Bezug genommen, sofern diese für die Umsetzung der vorstehenden Standards relevant sind. Darüber hinaus kann es Unternehmen zweckmäßig erscheinen, sich auf andere, in diesem Leitfaden nicht berücksichtigte Standards sowie spezifischere Instrumente und Leitlinien zu beziehen. Eine Liste solcher Instrumente und Leitlinien steht online zur Verfügung[9].

Kasten 1.1 **Beschreibung der wichtigsten im Leitfaden berücksichtigten Standards**

OECD-Leitsätze für multinationale Unternehmen *(OECD-Leitsätze)*: Die OECD-Leitsätze sind einer von vier Teilen der OECD-Erklärung über internationale Investitionen und multinationale Unternehmen aus dem Jahr 1976, mit der sich die Teilnehmerstaaten verpflichten, ein offenes und transparentes Investitionsumfeld zu schaffen und positive Beiträge multinationaler Unternehmen zum wirtschaftlichen und sozialen Fortschritt zu fördern. Bislang wurde die Erklärung von 46 Ländern – 34 OECD- und 12 Nicht-OECD-Volkswirtschaften – unterzeichnet[1]. Die OECD-Leitsätze wurden mehrmals überarbeitet, zuletzt 2011. Sie sind der umfassendste Katalog staatlich unterstützter Empfehlungen für Grundprinzipien verantwortungsvollen unternehmerischen Handelns (RBC). Die OECD-Leitsätze decken neun wichtige RBC-Bereiche ab: Offenlegung von Informationen, Menschenrechte, Beschäftigung und Beziehungen zwischen den Sozialpartnern, Umwelt, Bestechung und Korruption, Verbraucherinteressen, Wissenschaft und Technologie, Wettbewerb und Besteuerung. Dabei handelt es sich um Empfehlungen der Regierungen an die multinationalen Unternehmen, die in oder von den Teilnehmerstaaten aus operieren. Alle Teilnehmerstaaten sind verpflichtet, Nationale Kontaktstellen einzurichten, um die wirksame Anwendung der Leitsätze voranzubringen, indem sie die Umsetzung der Leitsätze fördern, Anfragen beantworten und zur Lösung von Problemen beitragen, die sich bei der Umsetzung der Leitsätze in besonderen Fällen ergeben. Die Leitsätze sind das erste internationale Instrument, das der Unternehmensverantwortung zur Achtung der Menschenrechte, wie sie in den Leitprinzipien der Vereinten Nationen definiert ist, Rechnung trägt und risikoabhängige Due-Diligence-Prüfungen in zentrale Bereiche der Geschäftsethik in Bezug auf negative Effekte integriert[2].

Prinzipien für verantwortliche Investitionen in die Landwirtschaft und Nahrungsmittelsysteme *(CFS-RAI-Prinzipien)*: Die Prinzipien wurden zwischen 2012 und 2014 unter Leitung des Ausschusses für Welternährungssicherheit (CFS) im Rahmen zwischenstaatlicher Verhandlungen entwickelt, wobei zivilgesellschaftliche Organisationen, der private Sektor, Wissenschaftler, Forscher und internationale Organisationen eingebunden wurden. Sie wurden am 15. Oktober 2014 in der 41. Sitzung des Welternährungsausschusses angenommen. Es handelt sich um freiwillige, nicht verbindliche Prinzipien, die allen Arten von Investitionen in die Landwirtschaft und in Nahrungsmittelsysteme Rechnung tragen. Sie umfassen zehn

(Fortsetzung nächste Seite)

(Fortsetzung)

Grundprinzipien zu folgenden Bereichen: Ernährungssicherheit und Ernährung; nachhaltige und inklusive wirtschaftliche Entwicklung und Armutsbekämpfung; Gleichstellung der Geschlechter und Teilhabe von Frauen; junge Menschen; Boden- und Landnutzungsrechte, Fischgründe und Wälder sowie Zugang zu Wasser; nachhaltige Bewirtschaftung natürlicher Ressourcen; Kulturerbe, überliefertes Wissen, Diversität und Innovation; sichere und gesunde Landwirtschaft; inklusive und transparente Governance-Strukturen, Verfahren und Beschwerdemechanismen; Auswirkungen und Rechenschaftspflicht. In einem weiteren Abschnitt werden die Aufgaben und Verantwortlichkeiten der beteiligten Akteure beschrieben.

Freiwillige Leitlinien für die verantwortungsvolle Verwaltung von Boden- und Landnutzungsrechten, Fischgründen und Wäldern im Kontext der nationalen Ernährungssicherheit *(VGGT)*: Bei den VGGT handelt es sich um die ersten globalen Leitlinien zur Verwaltung von Landrechten. Entwickelt wurden sie unter Leitung des Ausschusses für Welternährungssicherheit im Rahmen zwischenstaatlicher Verhandlungen sowie unter Einbindung zivilgesellschaftlicher Organisationen, des privaten Sektors, der Wissenschaft, der Forschung und internationaler Organisationen. Sie wurden am 11. Mai 2012 in der 38. (Sonder-)Sitzung des Ausschusses für Welternährungssicherheit angenommen. Die VGGT wurden weltweit anerkannt, und ihre Umsetzung wurde von der G20 sowie in der Erklärung der Konferenz Rio+20 gefordert. Am 21. Dezember 2012 begrüßte die VN-Generalversammlung die Ergebnisse der 38. (Sonder-)Sitzung des Ausschusses für Welternährungssicherheit, auf der die VGGT angenommen worden waren. Sie ermutigte die Staaten, der Umsetzung der Leitlinien gebührend Rechnung zu tragen und forderte relevante VN-Organe auf, deren rasche Verbreitung und Förderung sicherzustellen[3]. Diese Leitlinien bieten einen Referenzrahmen für eine bessere Governance von Boden- und Landnutzungsrechten, Fischgründen und Wäldern, der die Ernährungssicherheit fördert und einen Beitrag zu den globalen und nationalen Anstrengungen zur Beseitigung von Hunger und Armut leistet. In Anerkennung der zentralen Rolle, die Land für die Entwicklung spielt, fördern sie sichere Landrechte und einen fairen Zugang zu Land, Fischgründen und Wäldern. Sie führen Prinzipien und international anerkannte Praktiken auf, die bei der Vorbereitung und Umsetzung von Maßnahmen und Rechtsvorschriften zur Verwaltung dieser Rechte als Richtschnur dienen können. Diese Leitlinien bauen auf den *Freiwilligen Leitlinien zur Unterstützung der schrittweisen Verwirklichung des Rechtes auf angemessene Nahrung im Rahmen der nationalen Ernährungssicherheit* auf, die im November 2004 vom FAO-Rat gebilligt wurden, und stützen sie.

Grundsätze für verantwortliche Agrarinvestitionen, die Rechte, Lebensgrundlagen und Ressourcen achten („Principles for Responsible Agricultural Investment that Respects Rights, Livelihoods and Resources" – PRAI): Die interinstitutionelle Arbeitsgruppe (IAWG) von IFAD, FAO, UNCTAD und Weltbank veranstaltete während der VN-Generalversammlung im September 2009 einen runden Tisch zur „Förderung verantwortungsvoller internationaler Investitionen in der Landwirtschaft", um die sieben Grundsätze vorzustellen, die anschließend im Februar 2010 in synoptischer Form veröffentlicht wurden. Der Fokus der sieben Grundsätze liegt auf: Land- und Ressourcenrechten; Ernährungssicherheit; Transparenz, Good Governance und geeigneten Rahmenbedingungen; Konsultation und Partizipation; verantwortungsvollen Investitionen in Agrarunternehmen; sozialer Nachhaltigkeit und ökologischer Nachhaltigkeit[4]. Anlässlich des G20-Gipfels, der im November 2010 in Seoul stattfand, ermutigte die G20 im Rahmen ihres mehrjährigen Aktionsplans für Entwicklung alle Länder und Unternehmen, die Grundsätze für verantwortliche Agrarinvestitionen zu wahren. Die IAWG legte der G20 2011 und der G8 2012 einen Bericht zu den PRAI und einen Aktionsplan zu Optionen für die Förderung verantwortungsvoller Investitionen in der Landwirtschaft vor[5]. Die G20

(Fortsetzung nächste Seite)

(Fortsetzung)

einigte sich auf einen zweigleisigen Ansatz, um sowohl die PRAI einzuführen als auch die dabei gewonnenen Erkenntnisse im Rahmen verschiedener Konsultationsprozesse zu nutzen. Im Oktober 2012 veröffentlichte die IAWG einen Fortschrittsbericht zu ihrem Aktionsplan unter besonderer Berücksichtigung der PRAI-Pilotversuche in Gastländern und mit Unternehmen[6]. Im 2013 erschienenen „Saint Petersburg Accountability Report on G20 Development Commitments" wurden die bei den Pilotprojekten zur Erprobung der PRAI in einigen afrikanischen und südostasiatischen Ländern erzielten Fortschritte jüngst begrüßt.

1. Im Februar 2016 waren dies Ägypten, Argentinien, Brasilien, Costa Rica, Jordanien, Kolumbien, Lettland, Litauen, Marokko, Peru, Rumänien und Tunesien.
2. Die Sorgfaltspflichten gelten für alle Kapitel der Leitsätze, mit Ausnahme der Kapitel Wissenschaft und Technologie, Wettbewerb bzw. Besteuerung.
3. Vgl. *www.un.org/News/Press/docs//2012/ga11332.doc.htm*.
4. Der Text der PRAI kann unter *www.responsibleagroinvestment.org* heruntergeladen werden.
5. Inter-Agency Working Group on the Food Security Pillar of the G20 Multi-Year Action Plan on Development, „Options for Promoting Responsible Investment in Agriculture", Report to the High-Level Working Group, September 2011.
6. Inter-Agency Working Group on the Principles for Responsible Agricultural Investment, Synthesis report on the field-testing of the Principles for Responsible Agricultural Investment, Oktober 2012.

Adressaten

Auch wenn eingeräumt wird, dass Landwirte in der primären Landwirtschaft die größten Investoren sind, richtet sich der Leitfaden, wie in Abbildung 1.1 dargestellt, an alle entlang landwirtschaftlicher Lieferketten tätigen Unternehmen, darunter inländische und ausländische, private und öffentliche, kleine, mittlere und große Unternehmen, die im Leitfaden als „Unternehmen" bezeichnet werden[10]. Er kann zudem von Regierungen, insbesondere NKS, zur Entwicklung eines besseren Verständnisses der bestehenden Standards in landwirtschaftlichen Lieferketten sowie zu deren Förderung genutzt werden. Darüber hinaus kann er betroffenen Gemeinden helfen zu verstehen, was sie von den oben genannten Akteuren erwarten sollten, und damit die Achtung ihrer Rechte gewährleisten.

Prozess

Der Leitfaden wurde von der FAO und der OECD im Rahmen eines umfassenden Konsultationsprozesses entwickelt, der von einer aus verschiedenen Akteuren bestehenden, im Oktober 2013 ins Leben gerufenen Beratergruppe geleitet wurde[11]. Letztere besteht aus Vertretern von OECD-Mitgliedsländern und Nichtmitgliedsländern, institutionellen Investoren, Agrar- und Lebensmittelunternehmen sowie landwirtschaftlichen, zivilgesellschaftlichen und internationalen Organisationen. Ihre Aufgaben umfassen:

- substanzielle Beiträge zur Entwicklung des Leitfadens;
- Mithilfe beim umfassenden Konsultationsverfahren mit anderen relevanten Akteuren, u.a. durch Beiträge und die Teilnahme an Multi-Stakeholder-Prozessen, insbesondere an Sitzungen der offenen Arbeitsgruppe CFS-RAI;
- substanzielle Beiträge zu Folgemaßnahmen zur effektiven Förderung und Umsetzung des Leitfadens.

Die Sekretariate der FAO und der OECD koordinierten das Konsultationsverfahren gemeinsam mit der Beratergruppe unter der Leitung von deren Vorsitzenden bzw. stellvertretenden Vorsitzenden. Die OECD-Arbeitsgruppe Verantwortungsbewusstes unternehmerisches Handeln, ein Unterorgan des Investitionsausschusses, und die Arbeitsgruppe Agrarpolitik und -märkte, ein Unterorgan des Landwirtschaftsausschusses der OECD, wurden regelmäßig konsultiert.

Schlüsselbegriffe

Landwirtschaftliche Lieferketten

Der Begriff „landwirtschaftliche Lieferketten" bezieht sich auf das System, das alle Tätigkeiten, Organisationen, Akteure, Technologien, Informationen, Ressourcen und Dienstleistungen umfasst, die bei der Produktion von Agrarprodukten und Nahrungsmitteln für Konsumgütermärkte eine Rolle spielen. Der Begriff deckt die vor- und nachgelagerten Bereiche der Landwirtschaft ab – von der Bereitstellung landwirtschaftlicher Vorleistungen (wie Saatgut, Düngemittel, Tierfutter, Arzneimittel oder Ausrüstung) bis hin zu Produktion, Nacherntebehandlung, Verarbeitung, Transport, Marketing, Vertrieb und Verkauf. Außerdem schließt er Unterstützungsleistungen wie landwirtschaftliche Beratungsdienste, Forschung und Entwicklung sowie Marktinformationen ein. Landwirtschaftliche Lieferketten umfassen somit eine große Bandbreite an Unternehmen, die von landwirtschaftlichen Kleinbetrieben, landwirtschaftlichen Verbänden, Genossenschaften und Startups über multinationale Unternehmen – durch Muttergesellschaften oder lokale Tochtergesellschaften – bis hin zu staatseigenen Unternehmen und Fonds sowie privaten Finanzakteuren und Stiftungen reichen. Einige Akteure sind erst in den letzten Jahren in den Sektor eingestiegen.

Die Struktur der Lieferketten und der auf den einzelnen Stufen beteiligten Unternehmen variiert je nach Produkt und Region erheblich[12]. Daher sollte die Erfassung der entlang der Lieferkette tätigen Unternehmen auf Einzelfallbasis erfolgen, und zwar mit dem Ziel, die Beziehungen sowie die Informations- und Finanzströme zwischen diesen Unternehmen besser zu verstehen und bessere Audits zu entwickeln. Für diesen Leitfaden wird in Abbildung 1.1 eine vereinfachte Lieferkettenstruktur vorgeschlagen.

Die Unternehmen sind durch unterschiedliche Arten von Beziehungen und Strukturen miteinander verbunden. Nachgelagerte Unternehmen können unterschiedliche Arten von Beziehungen zu landwirtschaftlichen Unternehmen unterhalten, um sich Zugang zu Agrarerzeugnissen zu verschaffen. Sie können den Produzenten ohne maßgebliches, über einen Kaufvertrag hinausgehendes Engagement bestimmte Standards und Spezifikationen aufzwingen. Insbesondere im Rahmen der Vertragslandwirtschaft können sie aber auch eine aktivere Rolle spielen, um die Produktion zu koordinieren und die Qualität und Sicherheit zu gewährleisten[13]. Finanzunternehmen können in indirekterer Form beteiligt sein, indem sie landwirtschaftlichen und nachgelagerten Unternehmen im Rahmen von Greenfield- oder Brownfield-Investitionen, Gemeinschaftsunternehmen, Zusammenschlüssen und Übernahmen Kapital zur Verfügung stellen. In der Praxis sind diese Kategorien oft schwer voneinander abzugrenzen. Genossenschaften etwa besitzen oder verwalten in vielen Fällen landwirtschaftliche Geräte und nachgelagerte Anlagen (z.B. Zuckerfabriken) und könnten somit nicht nur als landwirtschaftliche, sondern auch als nachgelagerte Unternehmen eingestuft werden.

Je nach Stellung in der Lieferkette können Unternehmen den Fokus auf spezifische Risiken legen (Abb. 1.2). So sind beispielsweise landwirtschaftliche Unternehmen in Bezug auf Landrechte mit größeren Risiken konfrontiert. Daher sollten sie sich vor allem darauf konzentrieren, nach Treu und Glauben effektive und zweckdienliche Konsultationen mit den Inhabern der Landrechte zu führen.

Abbildung 1.1 **Stufen landwirtschaftlicher Lieferketten und beteiligte Unternehmen**

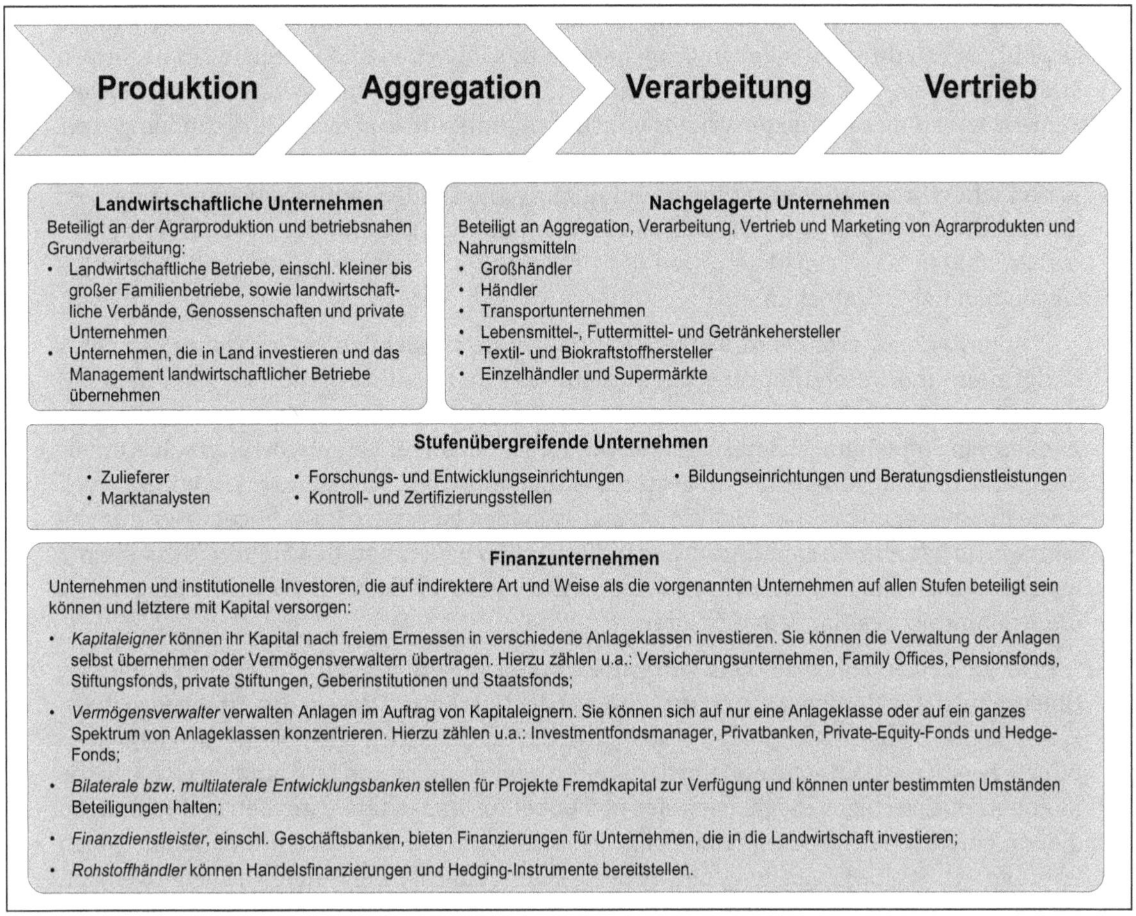

Produktion
Aggregation
Verarbeitung
Vertrieb
Landwirtschaftliche Unternehmen
Beteiligt an der Agrarproduktion und betriebsnahen Grundverarbeitung:
• Landwirtschaftliche Betriebe, einschl. kleiner bis großer Familienbetriebe, sowie landwirtschaftliche Verbände, Genossenschaften und private Unternehmen
• Unternehmen, die in Land investieren und das Management landwirtschaftlicher Betriebe übernehmen
Nachgelagerte Unternehmen
Beteiligt an Aggregation, Verarbeitung, Vertrieb und Marketing von Agrarprodukten und Nahrungsmitteln
• Großhändler
• Händler
• Transportunternehmen
• Lebensmittel-, Futtermittel- und Getränkehersteller
• Textil- und Biokraftstoffhersteller
• Einzelhändler und Supermärkte
Stufenübergreifende Unternehmen
• Zulieferer
• Marktanalysten
• Forschungs- und Entwicklungseinrichtungen
• Kontroll- und Zertifizierungsstellen
• Bildungseinrichtungen und Beratungsdienstleistungen
Finanzunternehmen
Unternehmen und institutionelle Investoren, die auf indirektere Art und Weise als die vorgenannten Unternehmen auf allen Stufen beteiligt sein können und letztere mit Kapital versorgen:
• *Kapitaleigner* können ihr Kapital nach freiem Ermessen in verschiedene Anlageklassen investieren. Sie können die Verwaltung der Anlagen selbst übernehmen oder Vermögensverwaltern übertragen. Hierzu zählen u.a.: Versicherungsunternehmen, Family Offices, Pensionsfonds, Stiftungsfonds, private Stiftungen, Geberinstitutionen und Staatsfonds;
• *Vermögensverwalter* verwalten Anlagen im Auftrag von Kapitaleignern. Sie können sich auf nur eine Anlageklasse oder auf ein ganzes Spektrum von Anlageklassen konzentrieren. Hierzu zählen u.a.: Investmentfondsmanager, Privatbanken, Private-Equity-Fonds und Hedge-Fonds;
• *Bilaterale bzw. multilaterale Entwicklungsbanken* stellen für Projekte Fremdkapital zur Verfügung und können unter bestimmten Umständen Beteiligungen halten;
• *Finanzdienstleister*, einschl. Geschäftsbanken, bieten Finanzierungen für Unternehmen, die in die Landwirtschaft investieren;
• *Rohstoffhändler* können Handelsfinanzierungen und Hedging-Instrumente bereitstellen.

Anmerkung: Diese Abbildung dient lediglich der Information und erhebt keinen Anspruch auf Vollständigkeit.

Abbildung 1.2 **Risiken auf den einzelnen Stufen landwirtschaftlicher Lieferketten**

STUFEN
Produktion
Aggregation
Verarbeitung
Vertrieb
STUFENÜBER-GREIFENDE RISIKEN
Menschen-rechte
Arbeitsrechte
Gesundheit
Ernährungs-sicherheit und Ernährung
Umweltschutz und nachhaltige Ressourcennutzung
Governance
Technologie und Innovation
WEITERE SPEZIFISCHE RISIKEN
Tierschutz
Landrechte

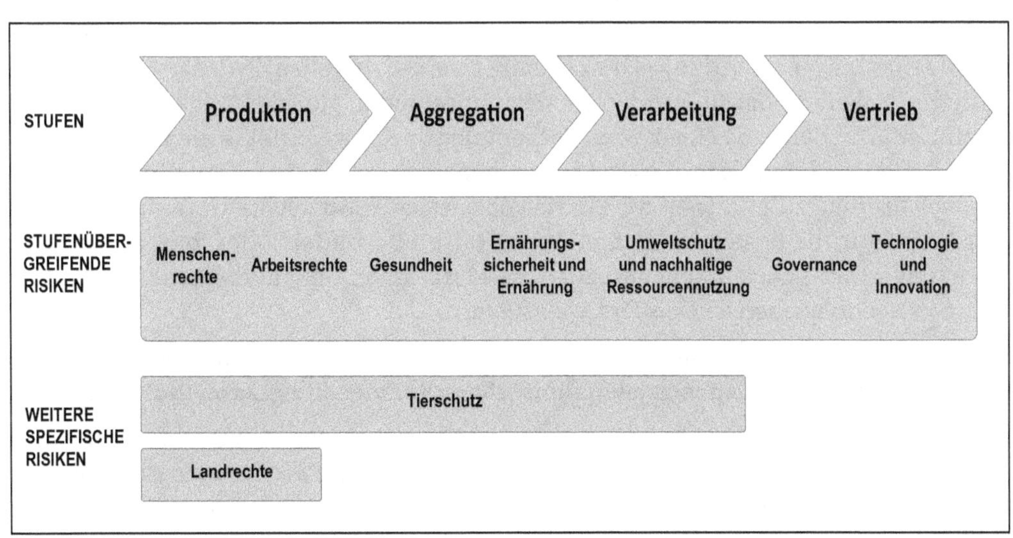

Due Diligence

Unter einer Due-Diligence-Prüfung wird der Prozess verstanden, über den Unternehmen sowohl die von ihren Tätigkeiten ausgehenden tatsächlichen und potenziellen negativen Effekte ermitteln, evaluieren, mindern und verhüten als auch Rechenschaft darüber ablegen können, wie sie diesen Effekten grundsätzlich im Rahmen ihrer Entscheidungsfindungs- und Risikomanagementsysteme begegnen[14]. Dies betrifft negative Effekte, die von Unternehmen verursacht wurden oder unter deren Beteiligung entstanden sind, sowie jene negativen Effekte, die auf Grund einer Geschäftsbeziehung unmittelbar mit der Geschäftstätigkeit, den Produkten oder Dienstleistungen des Unternehmens verbunden sind (vgl. Kasten 1.2 wegen näherer Einzelheiten).

Unternehmen evaluieren Risiken, indem sie die tatsächlichen Gegebenheiten ihrer Tätigkeiten und Geschäftsbeziehungen ermitteln und diese anhand der nach national und international geltenden Gesetzen und Standards anwendbaren Rechte und Pflichten, anhand von Empfehlungen internationaler Organisationen für verantwortungsvolles unternehmerisches Handeln, staatlich gestützten Instrumenten, freiwilligen Privatinitiativen sowie ihren eigenen internen Richtlinien und Systemen bewerten. Due-Diligence-Prüfungen können Unternehmen und deren Geschäftspartnern sicherstellen helfen, dass sie die internationalen und nationalen Rechtsvorschriften und Standards für verantwortungsvolles unternehmerisches Handeln einhalten.

Natur und Ausmaß der Due-Diligence-Vorkehrungen werden von Faktoren wie der Unternehmensgröße, dem Kontext und dem Ort der Geschäftstätigkeit, der Art der jeweiligen Produkte und Dienstleistungen sowie der Stärke der tatsächlichen und potenziellen negativen Effekte beeinflusst[15]. Kleine und mittlere Unternehmen, insbesondere landwirtschaftliche Kleinbetriebe, verfügen möglicherweise nicht über die Kapazitäten, um den Empfehlungen dieses Leitfadens entsprechend Due-Diligence-Prüfungen durchzuführen. Sie werden jedoch ermutigt, sich weiterhin an den Due-Diligence-Bemühungen ihrer Kunden zu beteiligen, um ihre Kapazitäten zu verbessern und in Zukunft in der Lage zu sein, selbst Due-Diligence-Prüfungen durchzuführen.

Die OECD-Leitsätze empfehlen die Durchführung risikoabhängiger Due-Diligence-Prüfungen, d.h. dass Natur und Ausmaß der Due-Diligence-Prüfungen der Art und dem Ausmaß des Risikos negativer Effekte entsprechen sollten[16]. Umfang und Komplexität der erforderlichen Due-Diligence-Prüfungen sollten von der Stärke der tatsächlichen und potenziellen negativen Effekte abhängen. In Bereichen mit größeren Risiken sollten vertiefte Due-Diligence-Prüfungen durchgeführt werden. In Fällen, in denen Unternehmen zahlreiche Zulieferer haben, werden sie dazu angehalten, globale Tätigkeitsbereiche zu identifizieren, in denen das Risiko des Aufkommens negativer Effekte am bedeutendsten ist, und auf der Grundlage dieser Risikoeinschätzung die Zulieferer für eine Due-Diligence-Prüfung zu priorisieren[17]. Ein risikobasierter Ansatz sollte Unternehmen nicht daran hindern, in bestimmten Kontexten tätig zu werden oder mit bestimmten Geschäftspartnern zusammenzuarbeiten, sondern ihnen helfen, die Risiken negativer Effekte in Hochrisikobereichen effektiv zu steuern.

Wie in Abschnitt 3 erläutert, lassen sich die verschiedenen Komponenten von Due-Diligence-Prüfungen in den folgenden fünfstufigen Rahmen integrieren (Kasten 1.3).

Angesichts der Tatsache, dass ein und dasselbe Unternehmen auf verschiedenen Stufen der Lieferkette tätig sein kann, kann die Gewährleistung einer guten Koordination zwischen den verschiedenen Abteilungen eines Unternehmens die Umsetzung von Due-Diligence-Prüfungen erleichtern. Unter gebührender Berücksichtigung von Wettbewerbs- und Datenschutz-

Kasten 1.2 **Verhütung und Behebung negativer Effekte**

Gemäß den OECD-Leitsätzen sollten Unternehmen „verhindern, dass sich ihre eigenen Aktivitäten auf Angelegenheiten, die unter die Leitsätze fallen, negativ auswirken oder einen Beitrag dazu leisten, und diesen Effekten begegnen, wenn sie auftreten". Zudem sollten sie „bestrebt sein, einen negativen Effekt zu verhüten oder zu mindern in Fällen, in denen sie selbst nicht zu diesem Effekt beigetragen haben, dieser Effekt aber gleichwohl auf Grund einer Geschäftsbeziehung mit der Geschäftstätigkeit, den Produkten oder Dienstleistungen des Unternehmens unmittelbar verbunden ist. Hiermit soll die Verantwortung aber nicht von dem Verursacher eines negativen Effekts auf das Unternehmen verlagert werden, mit dem der Verursacher eine Geschäftsbeziehung unterhält". Ein Finanzinstitut etwa trägt u.U. zu einem negativen Effekt bei, der von einem Beteiligungsunternehmen verursacht wurde, an dem es eine Mehrheits- oder Kontrollbeteiligung hält.

Ein Unternehmen *„verursacht"* einen negativen Effekt, wenn zwischen der Geschäftstätigkeit, den Produkten oder Dienstleistungen des Unternehmens und dem negativen Effekt ein kausaler Zusammenhang besteht. Dieser kann auf Handlungen oder Unterlassungen, d.h. Nichthandeln, beruhen. Die Formulierung *„beitragen zu"* einem negativen Effekt sollte als substanzieller Beitrag ausgelegt werden, mit anderen Worten als eine Aktivität, die ein anderes Unternehmen dazu veranlasst, es ihm erleichtert oder ihm Anreize bietet, einen negativen Effekt zu verursachen. Ein Unternehmen kann auch zu einem negativen Effekt beitragen, wenn die Kombination seiner Geschäftstätigkeit mit der eines anderen Unternehmens einen negativen Effekt zur Folge hat. Die Formulierung *„unmittelbar verbunden"* ist weit gefasst und deckt die mit Geschäftsbeziehungen verbundenen negativen Effekte ab. Der Begriff „Geschäftsbeziehung" umfasst die Beziehungen eines Unternehmens zu Geschäftspartnern, Unternehmensteilen in der Zulieferkette und anderen nichtstaatlichen oder staatlichen Rechtsträgern, die direkt mit der Geschäftstätigkeit, den Produkten oder Dienstleistungen des Unternehmens verbunden sind. Unternehmen, mit denen das Unternehmen eine Geschäftsbeziehung unterhält, werden in den Leitsätzen als *„Geschäftspartner"* bezeichnet.

Die Leitsätze unterstreichen, dass Unternehmen „ihre Geschäftspartner, einschließlich Zulieferfirmen und Unterauftragnehmer, wo praktikabel, zur Anwendung von Grundsätzen verantwortungsvollen unternehmerischen Handelns ermutigen [sollten], die im Einklang mit den OECD-Leitsätzen für multinationale Unternehmen stehen". Zudem halten sie fest, dass „ein Unternehmen, das allein oder gegebenenfalls in Kooperation mit anderen Unternehmenseinheiten/Stellen handelt, seinen Einfluss[1] nutzen [sollte], um auf den Verursacher der negativen menschenrechtlichen Auswirkungen mit dem Ziel einzuwirken, die fraglichen Auswirkungen zu verhindern oder zu mindern". Zu den Faktoren, die für die Ermittlung des angemessenen Vorgehens ausschlaggebend sind, zählen „der Einfluss des Unternehmens auf die betreffende Unternehmenseinheit/Stelle, die Bedeutung dieser Beziehung für das Unternehmen, die Schwere der Auswirkungen und die Frage, ob die Beendigung der Beziehung zu der betreffenden Unternehmenseinheit/Stelle selbst negative Auswirkungen auf die Menschenrechte hätte".

Von Unternehmen wird somit erwartet, dass sie ihren Einfluss auf Unternehmen, die direkt mit ihrer Geschäftstätigkeit, ihren Produkten oder Dienstleistungen verbunden sind, nutzen, um die Umsetzung der Leitsätze zu fördern. Wenn zum Beispiel die Möglichkeit besteht, dass ihre Geschäftspartner von Geschäftspartnern beliefert werden bzw. mit Geschäftspartnern verbunden sind, die Landrechte verletzen, sollten sie gemeinsam mit diesen an Korrekturmaßnahmen arbeiten und, wenn Abhilfemaßnahmen unterbleiben, die Geschäftsbeziehung nach Möglichkeit beenden.

1. Von der Existenz einer Einflussmöglichkeit wird ausgegangen, wenn das Unternehmen über die Fähigkeit verfügt, in den unrechtmäßigen Aktivitäten des Schadenverursachers einen Wandel herbeizuführen.

Quelle: OECD-Leitsätze, II.A.11-13; II.A, Abs. 14; und IV.43; OECD (2014).

Kasten 1.3 **Fünfstufiger Due-Diligence-Rahmen**

- Stufe 1: Entwicklung solider Unternehmensmanagementsysteme für verantwortungsvolle Lieferketten
- Stufe 2: Identifizierung, Bewertung und Priorisierung der Risiken in der Lieferkette
- Stufe 3: Entwicklung und Umsetzung einer Strategie zur Bewältigung der identifizierten Risiken
- Stufe 4: Überprüfung der Due-Diligence-Praktiken entlang der Lieferkette
- Stufe 5: Berichterstattung über die Due-Diligence-Maßnahmen und -Praktiken entlang der Lieferkette

Quelle: OECD (2013).

aspekten können Unternehmen Due-Diligence-Prüfungen auch im Rahmen von Kooperationen innerhalb der jeweiligen Branche durchführen, um sicherzustellen, dass der Prozess zu einer gegenseitigen Stärkung und Kostensenkung führt. Erreicht werden kann dies durch:

- eine branchenweite Kooperation, zum Beispiel durch von einem Branchenverband ins Leben gerufene und geleitete Initiativen, die die Einhaltung internationaler Standards fördern und voranbringen[18];
- Teilung der Kosten für spezifische Due-Diligence-Aufgaben innerhalb der Branche;
- Koordination zwischen Unternehmen der Branche, die mit den gleichen Zulieferern arbeiten;
- Kooperation zwischen verschiedenen Bereichen der Lieferkette, etwa zwischen vor- und nachgelagerten Unternehmen.

Auch Partnerschaften mit internationalen und zivilgesellschaftlichen Organisationen können Due-Diligence-Prüfungen fördern. Von der Branche getragene Programme sind am glaubwürdigsten, wenn sie nicht nur Wirtschaftsverbände, sondern auch zivilgesellschaftliche Organisationen, Gewerkschaften und einschlägige Experten einbinden und diesen eine Konsensbildung ermöglichen. Die Durchführung der Due-Diligence-Prüfungen liegt jedoch in der Eigenverantwortung der Unternehmen.

Aufbau

Der Aufbau des Leitfadens lehnt sich an die Sorgfaltsgrundsätze der OECD für verantwortungsvolles Lieferkettenmanagement für Mineralien aus Konflikt- und Hochrisikogebieten[19] an, in denen gezeigt wird, wie die OECD-Leitsätze auf einen spezifischen Sektor angewandt werden können, indem Due-Diligence-Schritte und Risikominderungsmaßnahmen vorgeschlagen werden. Der vorliegende Leitfaden umfasst neben dieser Einleitung folgende Teile:

- Abschnitt 1. Muster einer Unternehmenspolitik, in dem die Inhalte bestehender Standards für verantwortungsvolle landwirtschaftliche Lieferketten skizziert werden.
- Abschnitt 2. Rahmen für risikoabhängige Due-Diligence-Prüfungen entlang landwirtschaftlicher Lieferketten.
- Anhang A. Beschreibung der Risiken und Risikominderungsmaßnahmen entlang landwirtschaftlicher Lieferketten unter Bezugnahme auf bestehende Standards.
- Anhang B. Leitfaden für die Zusammenarbeit mit indigenen Bevölkerungsgruppen.

Kapitel 2

Muster einer Unternehmenspolitik für verantwortungsvolle landwirtschaftliche Lieferketten

Dieses Muster präsentiert die wichtigsten Standards, die Unternehmen einhalten sollten, um verantwortungsvolle landwirtschaftliche Lieferketten aufzubauen. Dazu werden Teile der einschlägigen internationalen Standards für verantwortungsvolle landwirtschaftliche Lieferketten beschrieben[20]. Einige dieser Standards, jene für Menschen- und Arbeitsrechte oder Ernährungssicherheit etwa, wurden bereits in vielen Ländern in der Gesetzgebung verankert.

Unternehmen können dieses Muster zur Unternehmenspolitik unverändert übernehmen oder relevante Teile des Musters in existierende Maßnahmen zur sozialen Verantwortung, zur Nachhaltigkeit und zum Risikomanagement der Unternehmen oder andere gleichwertige Alternativen integrieren und daran anpassen. Die Verwendung von „wir" verdeutlicht die Selbstverpflichtung der Unternehmen. Letztere sollten bei der Gestaltung ihrer Unternehmenspolitik zudem sicherstellen, dass sie alle auf nationaler Ebene geltenden Gesetze befolgen, und einschlägigen internationalen Standards Rechnung tragen. Die Einführung einer Unternehmenspolitik für verantwortungsvolle landwirtschaftliche Lieferketten bildet den ersten Schritt des in Kapitel 3 präsentierten Rahmens für risikoabhängige Due-Diligence-Prüfungen, der beschreibt, wie eine solche Unternehmenspolitik umgesetzt werden kann.

Angesichts der Risiken eines Auftretens beträchtlicher negativer Effekte entlang landwirtschaftlicher Lieferketten und in Anbetracht unserer Verantwortung zur Achtung der Menschenrechte sowie unserer Fähigkeit, zu einer nachhaltigen Entwicklung, und insbesondere zur Verringerung der Armut, zur Ernährungssicherheit und Ernährung sowie zur Gleichstellung der Geschlechter beizutragen, verpflichten wir uns, die im Folgenden beschriebene Unternehmenspolitik für verantwortungsvolle landwirtschaftliche Lieferketten einzuführen, umzusetzen, zu verbreiten sowie in Verträge und Vereinbarungen mit Geschäftspartnern zu integrieren. Wir werden, wo praktikabel, unsere Geschäftspartner zur Umsetzung dieser Unternehmenspolitik ermutigen und, wenn sie negative Effekte verursachen oder zu solchen Effekten beitragen, unseren Einfluss nutzen, um diese Effekte zu verhindern und zu mindern.

1. Allgemeine Standards für verantwortungsvolles unternehmerisches Handeln

Folgenabschätzung

Wir werden die Folgen, die unsere Geschäftstätigkeit, unsere Verfahren, Waren und Dienstleistungen über ihren gesamten Lebenszyklus hinweg haben bzw. haben können, laufend abschätzen und beim Entscheidungsprozess berücksichtigen, mit dem Ziel, negative Effekte zu vermeiden oder, wenn sie sich nicht vermeiden lassen, zu mindern. Bei der Folgenabschätzung sollte eine repräsentative Anzahl von Vertretern aller wichtigen Stakeholder-Gruppen einbezogen werden[21].

Offenlegung von Informationen

Wir werden in allen Phasen des Investitionszyklus aktuelle und exakte Informationen über absehbare Risikofaktoren und unsere Reaktion auf bestimmte ökologische, soziale und die Menschenrechte betreffende Auswirkungen für potenziell betroffene Gemeinden offenlegen[22]. Außerdem werden wir hinreichend exakte, überprüfbare und klare Informationen liefern, damit die Verbraucher ihre Entscheidungen in voller Sachkenntnis treffen können[23].

Konsultationen

Wir werden mit Gemeinden über deren eigene repräsentative Einrichtungen nach Treu und Glauben, effektive und zweckdienliche Konsultationen führen, bevor wir eine Geschäftstätigkeit initiieren, die Auswirkungen auf sie haben könnte, und wir werden auch während und nach Abschluss der Geschäftstätigkeit Konsultationen mit ihnen führen. Wir werden den verschiedenen Risiken, denen Frauen und Männer ausgesetzt sein könnten, Rechnung tragen[24].

Wir werden in Einklang mit den Zielen der Erklärung der Vereinten Nationen über die Rechte indigener Völker und unter gebührender Berücksichtigung besonderer Positionen und Auffassungen einzelner Staaten mit indigenen Bevölkerungsgruppen[25] über deren eigene repräsentative Einrichtungen effektive und zweckdienliche Konsultationen führen, um deren freiwillige und in Kenntnis der Sachlage erteilte vorherige Zustimmung[26] zu erhalten.

Vorteilsausgleich

Wir werden sicherstellen, dass unsere Geschäftstätigkeit zu einer nachhaltigen und inklusiven ländlichen Entwicklung beiträgt[27], erforderlichenfalls u.a. durch die Förderung einer ausgewogenen und gerechten Teilung der monetären und nichtmonetären Vorteile mit betroffenen Gemeinden zu gemeinsam vereinbarten Bedingungen, und dies im Einklang mit internationalen Verträgen in Bereichen, in denen solche für die jeweiligen Vertragsparteien gelten, z.B. bei der Nutzung genetischer Ressourcen für Nahrung und Landwirtschaft[28].

Beschwerdemechanismen

Wir werden in Konsultation mit potenziellen Nutzern legitime, zugängliche, berechenbare, unparteiliche und transparente Beschwerdemechanismen auf operativer Ebene schaffen. Zudem werden wir uns an außergerichtlichen Beschwerdemechanismen beteiligen. Solche Beschwerdemechanismen können eine Wiedergutmachung zur Folge haben, wenn unsere Geschäftstätigkeit infolge einer Nichteinhaltung von Standards für verantwortungsvolles unternehmerisches Handeln negative Effekte verursacht oder zu solchen Effekten beigetragen hat[29].

Gleichstellung von Mann und Frau

Wir werden dazu beitragen, die Diskriminierung von Frauen zu beseitigen, ihre Teilhabe an Entscheidungsprozessen und Führungsfunktionen maßgeblich zu verbessern, ihre berufliche Weiterentwicklung und ihr Fortkommen zu gewährleisten und ihren gleichberechtigten Zugang zu natürlichen Ressourcen, Vorleistungen, Produktionswerkzeugen, Beratungs- und Finanzdienstleistungen, Aus- und Weiterbildung, Märkten und Informationen sowie ihre gleichberechtigte Kontrolle darüber zu fördern[30].

2. Menschenrechte

Wir werden im Rahmen der international anerkannten Menschenrechte[31], der von den Ländern, in denen wir tätig sind, eingegangenen internationalen Menschenrechtsverpflichtungen sowie der einschlägigen nationalen Gesetze und Vorschriften:

- die Menschenrechte achten[32], d.h. eine Verletzung der Menschenrechte anderer vermeiden und negativen Auswirkungen auf die Menschenrechte begegnen, an denen wir beteiligt sind;
- im Kontext unserer eigenen Aktivitäten verhindern, negative Auswirkungen auf die Menschenrechte zu verursachen oder einen Beitrag dazu zu leisten, und diesen Auswirkungen begegnen, wenn sie auftreten[33];
- uns um Mittel und Wege bemühen, negative Auswirkungen auf die Menschenrechte zu verhüten oder zu mindern, die auf Grund einer Geschäftsbeziehung mit unserer Geschäftstätigkeit, unseren Produkten oder Dienstleistungen unmittelbar verbunden sind, selbst wenn wir nicht zu diesen Auswirkungen beigetragen haben[34];
- je nach Umfang, Art und Kontext unserer Geschäftstätigkeit und Ausmaß der Risiken von negativen Auswirkungen auf die Menschenrechte unserer menschenrechtlichen Sorgfaltspflicht (Due Diligence) nachkommen[35];
- für eine Wiedergutmachung der negativen Auswirkungen auf die Menschenrechte sorgen oder uns an rechtmäßigen Verfahren für eine solche Wiedergutmachung beteiligen, wenn wir feststellen, dass wir diese Auswirkungen verursacht oder dazu beigetragen haben[36];
- im Kontext unserer eigenen Aktivitäten sicherstellen, dass die Menschenrechte aller geachtet werden, ohne irgendeinen Unterschied, etwa nach Rasse, Hautfarbe, Geschlecht, Sprache, Religion, politischer oder sonstiger Anschauung, nationaler oder sozialer Herkunft, Vermögen, Geburt oder sonstigem Stand[37].

3. Arbeitsrechte

Wir werden im Rahmen unserer Geschäftstätigkeit internationale Kernarbeitsnormen einhalten, insbesondere jene in Bezug auf die Vereinigungsfreiheit und das Recht auf Kollektivverhandlungen, einschließlich für Wanderarbeitnehmer, die Beseitigung aller Formen von Zwangs- und Pflichtarbeit, die effektive Abschaffung der Kinderarbeit und die Beseitigung der Diskriminierung in Beschäftigung und Beruf[38].

Darüber hinaus werden wir im Rahmen unserer Geschäftstätigkeit:

- die Gesundheit und Sicherheit am Arbeitsplatz sicherstellen;

- angemessene Löhne, Leistungen und Arbeitsbedingungen gewährleisten, die zumindest hinreichend sind, um den Grundbedürfnissen der Arbeitnehmer und ihrer Familien gerecht zu werden, und uns um eine Verbesserung der Arbeitsbedingungen bemühen[39];
- die Beschäftigungssicherheit fördern und uns an staatlichen Programmen beteiligen, um Arbeitnehmern, deren Beschäftigungsverhältnis beendet worden ist, eine Form des Einkommensschutzes zu bieten[40];
- uns bemühen, eine Verletzung der Rechte von Wanderarbeitnehmern zu verhindern[41];
- Ansätze, Maßnahmen und Verfahren einführen, um die Teilhabe von Frauen an Entscheidungsprozessen und Führungsfunktionen maßgeblich zu verbessern[42].

Wir werden zur Verwirklichung des Rechts auf Arbeit beitragen[43], indem wir

- uns um eine Erhöhung sowohl der direkten als auch der indirekten Beschäftigungsmöglichkeiten bemühen[44];
- sicherstellen, dass Mitarbeitern auf allen Stufen eine einschlägige Ausbildung geboten wird, die den Erfordernissen des Unternehmens und den Entwicklungsmaßnahmen des Gastlandes gerecht wird, u.a. durch eine Steigerung der Produktivität junger Menschen und/oder eine Verbesserung ihres Zugangs zu angemessenen Beschäftigungsmöglichkeiten bzw. Möglichkeiten zur Gründung von Unternehmen[45];
- den Mutterschutz am Arbeitsplatz gewährleisten[46].

4. Gesundheit und Sicherheit

Wir werden die öffentliche Gesundheit fördern[47], indem wir:

- geeignete Verfahren einführen, um einer Gefährdung des Lebens, der Gesundheit und des Wohlergehens von Menschen im Rahmen unserer Geschäftstätigkeit sowie Gefährdungen, die durch den Verbrauch, die Verwendung oder die Entsorgung unserer Waren und Dienstleistungen entstehen, u.a. durch die Einhaltung bewährter Lebensmittelsicherheitsverfahren vorzubeugen[48];
- während unserer gesamten Geschäftstätigkeit zum Schutz der Gesundheit und Sicherheit betroffener Gemeinden beitragen[49].

5. Ernährungssicherheit und Ernährung

Wir werden uns bemühen sicherzustellen, dass unsere Geschäftstätigkeit einen Beitrag zu Ernährungssicherheit und Ernährung leistet. Wir werden unser Augenmerk auf die Verbesserung der Verfügbarkeit, Zugänglichkeit, Stabilität und Verwendung gesundheitlich unbedenklicher, nahrhafter und vielfältiger Lebensmittel richten[50].

6. Eigentums-, Besitz- und Nutzungsrechte an und Zugang zu natürlichen Ressourcen

Wir werden die Inhaber legitimer Eigentums-, Besitz- oder Nutzungsrechte[51] sowie deren Rechte an natürlichen Ressourcen respektieren, darunter öffentliche, private, kommunale, kollektive, indigene Rechte und Gewohnheitsrechte, auf die sich unsere Geschäftstätigkeit potenziell auswirkt. Natürliche Ressourcen sind u.a. Land, Fischgründe, Wälder und Wasser.

Wir verpflichten uns zu größtmöglicher Transparenz und Offenlegung von Informationen in Bezug auf unsere landgebundenen Investitionen, einschließlich der Transparenz von

Pacht-/Konzessionsvertragsbedingungen, unter gebührender Berücksichtigung eventueller Datenschutzbeschränkungen[52].

Wir werden realisierbare alternative Projektgestaltungen bevorzugen, um die physische und/oder wirtschaftliche Verdrängung von Inhabern legitimer Eigentums-, Besitz- oder Nutzungsrechte zu vermeiden oder, wenn sie nicht vermieden werden kann, auf ein Mindestmaß zu begrenzen, und zugleich unter besonderer Berücksichtigung der negativen Auswirkungen auf arme und schwache Gruppen die ökologischen, sozialen und finanziellen Kosten und Nutzeffekte abwägen.

Es ist uns bewusst, dass Staaten, vorbehaltlich der jeweiligen nationalen Gesetze und Rechtsvorschriften und unter Berücksichtigung des nationalen Kontexts, nur dann Enteignungen vornehmen sollten, wenn dies im öffentlichen Interesse erforderlich ist, und dass sie eine unverzügliche, angemessene und wirksame Entschädigung gewährleisten sollten[53].

Wenn Inhaber legitimer Eigentums-, Besitz- oder Nutzungsrechte von negativen Effekten betroffen sind, werden wir uns bemühen sicherzustellen, dass sie eine unverzügliche, angemessene und wirksame Entschädigung dafür enthalten, dass unsere Geschäftstätigkeit ihre Eigentums-, Besitz- oder Nutzungsrechte beeinträchtigt[54].

7. Tierschutz

Wir werden im Rahmen unserer Geschäftstätigkeit den Tierschutz fördern[55], u.a. durch

- Anstrengungen zur Gewährleistung der Umsetzung der „fünf Freiheiten" für eine artgerechte Tierhaltung, d.h. der Freiheit von Hunger, Durst und Fehlernährung, der Freiheit von physischem und thermischem Unbehagen, der Freiheit von Schmerzen, Verletzungen und Krankheiten, der Freiheit von Angst und Leiden sowie der Freiheit zum Ausleben normaler Verhaltensmuster[56];
- Gewährleistung hoher Management- und Tierhaltungsstandards für die Tierproduktion, die auf die Größenordnung unserer Geschäftstätigkeit abgestimmt sind und den Grundsätzen der OIE entsprechen oder darüber hinausgehen[57].

8. Umweltschutz und nachhaltige Nutzung natürlicher Ressourcen

Wir werden, gegebenenfalls in Zusammenarbeit mit zuständigen staatlichen Stellen und Dritten, ein Umwelt- und Sozialmanagementsystem einführen und aufrechterhalten, das auf Art und Umfang unserer Geschäftstätigkeit sowie auf das Ausmaß der potenziellen ökologischen und sozialen Risiken und Auswirkungen abgestimmt ist[58].

Wir werden unsere Umweltleistung laufend verbessern durch:

- Verhinderung, Minimierung und Beseitigung der Belastung von sowie negativer Auswirkungen auf Luft, Land, Boden, Wasser, Wälder und Biodiversität sowie Verringerung der Treibhausgasemissionen;
- Vermeidung oder Reduzierung gefährlicher und ungefährlicher Abfälle, Substitution oder geringere Verwendung von giftigen Stoffen[59] und Verbesserung der produktiven Nutzung von Abfällen bzw. Gewährleistung einer sicheren Abfallentsorgung;
- Gewährleistung einer nachhaltigen Nutzung natürlicher Ressourcen und Steigerung der Effizienz der Ressourcennutzung sowie der Energieeffizienz[60];
- Reduktion von Lebensmittelverlusten und -verschwendung sowie Förderung von Recycling;

- Förderung einer guten landwirtschaftlichen Praxis, u.a. um die Bodenfruchtbarkeit zu erhalten oder zu verbessern und der Bodenerosion vorzubeugen;
- Förderung und Erhalt von Biodiversität, genetischen Ressourcen und Ökosystemleistungen; Achtung von Schutzgebieten[61], Gebieten mit hohem Erhaltungswert und gefährdeten Arten; sowie Kontrolle und Minimierung der Ausbreitung invasiver nichtheimischer Arten;
- Erhöhung der Widerstandsfähigkeit von Landwirtschaft und Nahrungsmittelsystemen, der zugrunde liegenden Lebensräume und der damit verbundenen Lebensgrundlagen im Hinblick auf den Klimawandel mit Hilfe von Anpassungsmaßnahmen[62].

9. Governance

Wir werden Korruption und betrügerische Praktiken jeglicher Art verhindern und unterlassen[63].

Wir werden dem Buchstaben und dem Geist der Steuergesetze und -vorschriften der Länder, in denen wir unsere Geschäftstätigkeit ausüben, gerecht werden[64].

Wir werden keine wettbewerbswidrigen Absprachen zwischen Konkurrenten treffen bzw. umsetzen und mit den untersuchenden Wettbewerbsbehörden zusammenarbeiten[65].

Wir werden im Einklang mit der Empfehlung des OECD-Rats zu den Grundsätzen der Corporate Governance handeln, soweit diese für Unternehmen gilt[66].

10. Technologie und Innovation

Wir werden zur Entwicklung und Verbreitung von geeigneten Technologien, insbesondere umweltfreundlichen Technologien und Technologien, die direkte und indirekte Arbeitsplätze schaffen, beitragen[67].

Kapitel 3

Fünfstufiger Rahmen für risikoabhängige Due-Diligence-Prüfungen entlang landwirtschaftlicher Lieferketten

Zur Durchführung risikoabhängiger Due-Diligence-Prüfungen entlang landwirtschaftlicher Lieferketten sollten Unternehmen folgenden fünfstufigen Rahmen umsetzen: *a)* Entwicklung solider Unternehmensmanagementsysteme für verantwortungsvolle landwirtschaftliche Lieferketten; *b)* Identifizierung, Bewertung und Priorisierung der Risiken in der Lieferkette; *c)* Entwicklung und Umsetzung einer Strategie zur Bewältigung der identifizierten Risiken; *d)* Überprüfung der Due-Diligence-Praktiken entlang der Lieferkette; *e)* Berichterstattung über die Due-Diligence-Maßnahmen und -Praktiken entlang der Lieferkette. Der erste Schritt umfasst die Einführung einer Unternehmenspolitik für verantwortungsvolles unternehmerisches Handeln, die sich an dem in Kapitel 2 dieses Leitfadens präsentierten Muster zur Unternehmenspolitik orientieren kann. Alle Unternehmen sollten Due-Diligence-Prüfungen durchführen, die Umsetzung dieses fünfstufigen Rahmens sollte jedoch auf ihre Position in der Lieferkette und die Art ihrer Beteiligung daran, den Kontext und den Ort ihrer Geschäftstätigkeit sowie auf die Größe und die Kapazitäten des Unternehmens abgestimmt werden. In diesem Kapitel werden, soweit möglich, bei jeder Stufe die Verantwortlichkeiten der verschiedenen Unternehmenstypen (landwirtschaftliche Unternehmen, nachgelagerte Unternehmen und Finanzunternehmen) beschrieben.

Stufe 1. Entwicklung solider Unternehmensmanagementsysteme für verantwortungsvolle Lieferketten

1.1 Einführung einer Unternehmenspolitik für verantwortungsvolles unternehmerisches Handeln entlang der Lieferkette (im Folgenden „Unternehmenspolitik für verantwortungsvolles unternehmerisches Handeln") bzw. Integration einer solchen Unternehmenspolitik in existierende Verfahren

Diese Unternehmenspolitik sollte die Standards enthalten, die den Due-Diligence-Prüfungen zugrunde gelegt werden sollen, und sich an internationalen Standards sowie am vorstehenden Muster zur Unternehmenspolitik orientieren. Dabei kann es sich um eine einzige, alle Bereiche umfassende Unternehmenspolitik oder um mehrere eigenständige Teilbereiche der Unternehmenspolitik (z.B. Unternehmenspolitik in Bezug auf Menschenrechte) handeln. Sie kann auch eine Verpflichtung zur Einhaltung bestehender branchenspezifischer Standards, etwa im Rahmen von Zertifizierungssystemen, umfassen[68].

Im Fall einer seit langem bestehenden Unternehmenspolitik können mit Hilfe einer Gap-Analyse die im Vergleich zu dem in Kapitel 2 präsentierten Muster der Unternehmenspolitik bestehenden Lücken ermittelt und die bestehende Unternehmenspolitik entsprechend angepasst werden.

Die Unternehmenspolitik für verantwortungsvolles unternehmerisches Handeln sollte:

- auf höchster Unternehmensebene beschlossen werden. Mit der Umsetzung sollten hochrangige Führungskräfte betraut werden;
- sich auf einschlägiges internes und externes Fachwissen und gegebenenfalls auf Konsultationen mit betroffenen Akteuren stützen;
- die Erwartungen des Unternehmens im Hinblick auf das verantwortungsvolle unternehmerische Handeln von Mitarbeitern, Geschäftspartnern und sonstigen Parteien definieren, die mit seiner Geschäftstätigkeit, seinen Produkten oder seinen Dienstleistungen unmittelbar verbunden sind;
- öffentlich zugänglich sein und allen Mitarbeitern, Geschäftspartnern und sonstigen betroffenen Parteien vermittelt werden;
- sich in den Geschäftspraktiken und -verfahren widerspiegeln, damit sie innerhalb des Unternehmens verankert wird[69];
- unter Berücksichtigung des zunehmenden Wissens über die Risiken in der Lieferkette und internationaler Standards regelmäßig überprüft und aktualisiert werden.

Manche Risiken negativer Effekte treten nur auf bestimmten Stufen der Lieferkette auf – Risiken in Bezug auf Landrechte oder Tierschutz etwa bei der Produktion und der Verarbeitung –, die Unternehmenspolitik für verantwortungsvolles unternehmerisches Handeln sollte jedoch alle entlang der Lieferkette auftretenden Risiken abdecken.

1.2. Ausrichtung des internen Managements auf die Förderung der Due Diligence entlang der Lieferkette

Die Unternehmensleitung sollte erkennbar und aktiv an der Umsetzung der Unternehmenspolitik für verantwortungsvolles unternehmerisches Handeln mitwirken und deren Einhaltung gewährleisten. Mitarbeiter und Geschäftspartner sollten entsprechende Schulungen und Anreize zur Einhaltung der Unternehmenspolitik erhalten. Die Verantwortung für Due-Diligence-Prüfungen sollte einer Person mit einschlägigen fachlichen und kulturellen Kompetenzen übertragen werden, der ein zur Unterstützung erforderliches Team zur Seite gestellt werden sollte. Es sollten ausreichende finanzielle Ressourcen bereitgestellt werden. Zudem sollte eine interne Berichtsstruktur festgelegt, beibehalten und über Schlüsselstellen innerhalb des Unternehmens kommuniziert werden. Die Praxis verantwortungsvollen unternehmerischen Handelns sollte in der gesamten Geschäftstätigkeit des Unternehmens kohärent sein. Diese Maßnahmen sollten unter Berücksichtigung der finanziellen Kapazitäten des Unternehmens auf den Zweck, die Geschäftstätigkeit, die Produkte und die Größe des Unternehmens abgestimmt werden.

1.3. Schaffung eines Kontrollsystems und Gewährleistung von Transparenz entlang der Lieferkette

Die Umsetzung der Unternehmenspolitik für verantwortungsvolles unternehmerisches Handeln zu überwachen, ist für deren Glaubwürdigkeit und Wirksamkeit bzw. für gute Beziehungen zu den beteiligten Akteuren, darunter Staaten, von entscheidender Bedeutung. Dies erfordert:

- die Schaffung interner Kontrollverfahren, um regelmäßig unabhängige und transparente Kontrollen zur Einhaltung der Unternehmenspolitik durchzuführen. Solche Verfahren können Rückverfolgbarkeitssysteme[70] sein, was bedeutet, dass: die Due-Diligence-Verfahren, deren Ergebnisse und die daraus resultierenden Entscheidungen intern dokumentiert werden; eine interne Bestandsaufnahme und Dokumentation der Transaktionen vorgenommen wird, mit denen die Akteure in der Lieferkette im Nachhinein identifiziert werden können; Zahlungen über offizielle Bankinstitute getätigt und erhalten werden bzw. sichergestellt wird, dass alle unvermeidbaren Barkäufe durch überprüfbare Dokumente belegt sind; und dass die gesammelten Daten für einen Zeitraum von sieben Jahren aufbewahrt werden. Vorgelagerte Unternehmen sollten die Rückverfolgbarkeit mittels Massebilanzen (*mass balance*) oder physischer Warentrennung (*physical segregation*)[71] gewährleisten, z.B. durch eine Chain of Custody, nachgelagerte Unternehmen dagegen sollten die ihnen vorgelagerten Zulieferer und die Bezugsländer der ihnen vorgelagerten Unterlieferanten identifizieren. Durch die Weiterleitung von Due-Diligence-Informationen von vor- an nachgelagerte Unternehmen kann die Transparenz erhöht und die Rückverfolgbarkeit erleichtert werden;
- den Aufbau dauerhafter Geschäftsbeziehungen, da diese das beste Mittel sind, um einen kontinuierlichen Informationsfluss zu gewährleisten. Durch Kanäle für die Kommunikation mit den verschiedenen beteiligten Akteuren werden Hinweise auf potenzielle Abweichungen von der Unternehmenspolitik bzw. von einschlägigen Standards ermöglicht. Auch regelmäßige Audits sowie Umwelt-, Sozial- und Menschenrechtsverträglichkeitsprüfungen[72] und entsprechende Folgemaßnahmen können der Kontrolle dienen, sollten solche Informationsflüsse jedoch nicht ersetzen.

1.4. Stärkeres Engagement gegenüber Geschäftspartnern

In Verträge und Vereinbarungen mit Geschäftspartnern sollte eine auf die entsprechende Unternehmenspolitik gestützte Politik verantwortungsvollen unternehmerischen Handelns integriert werden. Sie sollte auf deren Kapazitäten der Geschäftspartner abgestimmt sein. Langfristige Beziehungen zu Geschäftspartnern können die Einflussmöglichkeiten vergrößern, mit denen zur Einführung einer solchen Politik ermutigt und die Transparenz erhöht werden kann. Auch in Abstimmung mit Geschäftspartnern und unter Einbindung des Zentralstaats und nachgeordneter Gebietskörperschaften, internationaler Organisationen und der Zivilgesellschaft entwickelte Umsetzungspläne können für eine bessere Einhaltung der Unternehmenspolitik sorgen, vor allem wenn Schulungen angeboten werden, um Kapazitäten aufzubauen. Unternehmen können zum Beispiel die Kapazitäten von Kleinbauern stärken, für die es u.U. schwierig ist, die strengen und möglicherweise kostspieligen Anforderungen zu erfüllen.

1.5. Schaffung eines Beschwerdemechanismus auf operativer Ebene in Konsultation und Zusammenarbeit mit relevanten Akteuren

Ein Beschwerdemechanismus[73] kann dazu beitragen, Unternehmen auf Abweichungen von einschlägigen Standards aufmerksam zu machen, und ihnen die Identifizierung von Risiken erleichtern, u.a. indem er ihnen eine bessere Kommunikation mit relevanten Akteuren ermöglicht. Dieser Mechanismus kann auf Projekt-, Unternehmens- oder Branchenebene angesiedelt sein. Er sollte als Frühwarnsystem zur Risikoerkennung bzw. als Konfliktpräventions- und Wiedergutmachungsmechanismus dienen. So können etwa die Beschwerdemechanismen, die durch die bestehenden Systeme der Arbeitsbeziehungen und tarifvertraglichen Regelungen geschaffen wurden, wirksame und glaubwürdige Mechanismen darstellen, die die Einhaltung der Arbeitsrechte gewährleisten.

Beschwerdemechanismen sollten für Arbeitskräfte und alle, die tatsächlich oder potenziell von den negativen Effekten betroffen sind, die aus der Nichteinhaltung der Standards verantwortungsvollen unternehmerischen Handelns durch das Unternehmen resultieren, leicht zugänglich sein. Unternehmen sollten über das Bestehen und die Zugangsmodalitäten dieser Mechanismen informieren, deren Inanspruchnahme aktiv fördern, gewährleisten, dass Nutzer anonym bleiben und keinen Repressalien ausgesetzt sind, und regelmäßig deren Effektivität prüfen. Sie sollten ein öffentliches Register der eingegangenen Beschwerden führen, und die durch die Beschwerdemechanismen gewonnenen Erkenntnisse sollten in die Unternehmenspolitik für verantwortungsvolles unternehmerisches Handeln, in die Beziehungen zu Geschäftspartnern und in die Überwachungssysteme integriert werden.

Beschwerdemechanismen sollten gerichtliche und andere außergerichtliche Mechanismen ergänzen, wie z.B. NKS, mit denen Unternehmen ebenfalls zusammenarbeiten sollten.

Stufe 2. Identifizierung, Bewertung und Priorisierung der Risiken in der Lieferkette

2.1. Abbildung der Lieferkette

Dies erfordert die Identifizierung der verschiedenen beteiligten Akteure – einschließlich der Namen der direkten Zulieferer und Geschäftspartner sofern relevant – und der Orte der Geschäftstätigkeit. Von landwirtschaftlichen Unternehmen etwa können die folgenden Angaben verlangt werden: Name der produzierenden Einheit; Adresse und Standortidentifizierung; Kontaktdaten des Betriebsleiters; Produktkategorie, Produktionsmenge, -daten und -methoden; Zahl der Mitarbeiter nach Geschlecht; Auflistung der Risikomanagementpraktiken; Transportwege; und vorgenommene Risikoabschätzungen.

Manche Unternehmen, insbesondere Finanzunternehmen und B2C-Unternehmen, die mehrere Stufen von der landwirtschaftlichen Produktion entfernt sind, sind anfangs möglicherweise nicht in der Lage, all ihre Zulieferer und Geschäftspartner zu erfassen. Dennoch sollten sie sich systematisch um eine vollständige Abbildung ihrer Geschäftsbeziehungen bemühen. Wie viele Informationen zu den Geschäftspartnern erhoben werden, hängt vom Ausmaß der Risiken ab bzw. davon, inwieweit zwischen den Geschäftspartnern und den identifizierten Risiken eine unmittelbare Verbindung besteht.

2.2. Abschätzung der Risiken negativer ökologischer, sozialer und die Menschenrechte betreffender Auswirkungen[74] der Geschäftstätigkeit, der Verfahren, Waren und Dienstleistungen des Unternehmens und seiner Geschäftspartner über deren ganzen Lebenszyklus hinweg

Im Rahmen solcher Risikoabschätzungen sollten die tatsächlichen und potenziellen negativen Effekte in der Lieferkette, die vom Unternehmen verursacht wurden, unter dessen Beteiligung entstanden sind oder auf Grund einer Geschäftsbeziehung unmittelbar mit der Geschäftstätigkeit, den Produkten oder Dienstleistungen des Unternehmens verbunden sind, in vollem Umfang identifiziert werden. Dabei sollte den ökologischen, sozialen und die Menschenrechte betreffenden Auswirkungen Rechnung getragen werden. Die Risikoabschätzungen können durch nationale Gesetze vorgeschrieben und geregelt werden. Umfang und Häufigkeit der Risikoabschätzung sollten auf das Ausmaß der

Risiken und die Leistungen der Geschäftspartner im Bereich des Risikomanagements abgestimmt sein. Sie können für Offenlegungszwecke herangezogen werden, aber auch in einer praktischeren und zukunftsgerichteteren Art und Weise genutzt werden, um bestimmten Risiken entgegenzuwirken, den Dialog mit Zulieferern zu stärken und deren Leistungen zu verbessern.

In Anhang A (Abschnitt 1.3) wird unter Bezugnahme auf bestehende Standards im Detail beschrieben, welche Schritte diese Risikoabschätzungen umfassen und welche Auswirkungen sie berücksichtigen sollten. Identifiziert werden sollten im Rahmen einer Risikoabschätzung ferner[75]:

- maßgebliche Rechteinhaber und Akteure, insbesondere Frauen, auf die sich die Geschäftstätigkeit wahrscheinlich dauerhaft auswirken wird[76];
- Geschäftspartner, bei denen die Gefahr besteht, dass angemessene Due-Diligence-Prüfungen unterbleiben;
- Warnsignale, wie sie in Kasten 3.1 beschrieben werden. In solchen Situationen ist u.U. eine vertiefte Due-Diligence-Prüfung erforderlich, die bei derartigen Standorten, Produkten oder Geschäftspartnern u.a. eine Überprüfung der qualitativen Gegebenheiten vor Ort umfassen könnte;
- vertretbare Inkonsistenzen zwischen den tatsächlichen Gegebenheiten der Geschäftstätigkeit und der Unternehmenspolitik für verantwortungsvolles unternehmerisches Handeln.

Es gibt mehrere **Arten der Risikoabschätzung**, die die Identifizierung von Warnsignalen erleichtern können. Bei kontextbezogenen Risikoabschätzungen werden die Beschaffungsregionen und -länder in Bezug auf bestimmte Risikobereiche nach geringem, mittlerem und hohem Risiko kategorisiert, indem der Regulierungsrahmen, der politische Kontext, die bürgerlichen Freiheiten und das sozioökomische Umfeld bewertet werden. Standortbezogene Risikoabschätzungen zielen darauf ab, Einblick in die tatsächlichen Gegebenheiten der Geschäftstätigkeit von Geschäftspartnern zu gewinnen, um die Tragweite, das Ausmaß und die Eintrittswahrscheinlichkeit von Risiken vor Ort zu evaluieren. Sie sollten die Grundlage der Präqualifizierungsverfahren für neue Geschäftspartner bilden. Für Geschäftspartner, die in Kontexten mit geringem Risiko tätig sind, sollte eine herkömmliche Risikoabschätzung durchgeführt werden. In Bezug auf Geschäftspartner, die in Kontexten mit mittlerem oder hohem Risiko tätig sind, sollte eine erweiterte Risikoabschätzung vorgenommen werden. Risikoabschätzungen können Konsultationen mit betroffenen Akteuren, eine Überwachung durch Dritte, beispielsweise zivilgesellschaftliche Organisationen, und Besichtigungen landwirtschaftlicher Betriebe und/oder Verarbeitungsanlagen einschließen.

Um sich im Zeitverlauf ein adäquates Bild von den Risiken machen zu können, sollte die Risikoabschätzung ein **kontinuierlicher Prozess** sein und den sich verändernden Gegebenheiten Rechnung tragen. Folgende Situationen sollten Anlass für eine erneute Risikoabschätzung sein: Beschaffung über einen neuen Markt; Veränderungen im Tätigkeitsumfeld eines Geschäftspartners (z.B. Regierungswechsel); Neuausrichtung der Beschaffungsstrategie eines Zulieferers auf Gebiete mit mittlerem oder hohem Risiko; Aufnahme einer neuen Geschäftsbeziehung; Änderung der Eigentumsverhältnisse bei einem Geschäftspartner; Entwicklung eines neuen Produkts; oder Veränderungen des Geschäftsmodells.

Die Risikoabschätzung unterscheidet sich je nach **Unternehmenstyp**:

Kasten 3.1 **Warnsignale bei Situationen, die eine vertiefte Due-Diligence-Prüfung rechtfertigen**

- **Warnsignale bei Standorten – Beabsichtigte Geschäftstätigkeit in bzw. Produkte aus Gebieten:**
  - die Konfliktgebiete sind oder als Hochrisikogebiete eingestuft werden[1];
  - die als Gebiete mit schwachen Governance-Strukturen betrachtet werden[2];
  - in denen die Zentralregierung und nachgeordnete Gebietskörperschaften international vereinbarte Standards verantwortungsvollen unternehmerischen Handelns nicht beachten bzw. das Unternehmen nicht unterstützen, um die Einhaltung dieser Standards zu gewährleisten; so zum Beispiel, wenn sie Agrarland anbieten, auf dem lokale Gemeinden, die nicht konsultiert wurden, legitime Landrechte innehaben, oder Agrarland, das in Schutzgebieten liegt;
  - in denen Menschen- und Arbeitsrechtsverletzungen gemeldet wurden;
  - in denen Landrechte nicht genau definiert sind oder angefochten werden;
  - in denen sich Gemeinden mit Ernährungsunsicherheit oder Wassermangel konfrontiert sehen;
  - die von Umweltzerstörung betroffen oder als Schutzgebiete ausgewiesen sind.
- **Warnsignale bei Produkten**
  - Es ist bekannt, dass die Produktion des landwirtschaftlichen Erzeugnisses in bestimmten Kontexten mit negativen ökologischen, sozialen oder die Menschenrechte betreffenden Auswirkungen einhergeht.
  - Das Agrarprodukt entspricht nicht den Gesundheits- und Lebensmittelsicherheitsstandards.
- **Warnsignale bei Geschäftspartnern**
  - Es ist bekannt, dass die Geschäftspartner die in diesem Leitfaden genannten Standards nicht eingehalten haben.
  - Es ist bekannt, dass sie in den letzten zwölf Monaten landwirtschaftliche Erzeugnisse von einem Standort bezogen haben, der einem der oben genannten Kriterien entspricht.
  - Sie sind als Aktionäre oder in anderer Form an Unternehmen beteiligt, die die in diesem Leitfaden genannten Standards nicht einhalten oder landwirtschaftliche Erzeugnisse von einem Standort beziehen bzw. an einem Standort tätig sind, der einem der oben genannten Kriterien entspricht.

1. Konflikt- und Hochrisikogebiete sind durch bewaffnete Konflikte, weit verbreitete Gewalt oder andere die Bevölkerung gefährdende Risiken gekennzeichnet. Bewaffnete Konflikte können unterschiedliche Formen annehmen. Es kann sich beispielsweise um internationale oder nichtinternationale Konflikte handeln, die zwei oder mehr Staaten betreffen können, um Befreiungskriege, Aufstände oder Bürgerkriege. Zu Hochrisikogebieten zählen u.a. Gebiete, die durch politische Instabilität oder Unterdrückung, institutionelle Schwäche, Unsicherheit, einen Zusammenbruch der zivilen Infrastruktur und weit verbreitete Gewalt charakterisiert sind. Solche Gebiete sind in vielen Fällen durch häufige Menschenrechtsverletzungen und Verstöße gegen nationales oder internationales Recht gekennzeichnet (OECD, 2013).
2. Dazu können u.a. Gebiete zählen, die bei den Governance-Indikatoren der Weltbank oder beim Korruptionswahrnehmungsindex von Transparency International schlecht abschneiden. Gleiches gilt für Länder, die sich nicht zur Umsetzung der Bestimmungen des Übereinkommens der Vereinten Nationen gegen Korruption verpflichtet oder nicht mit deren Umsetzung begonnen haben.

- Landwirtschaftliche Unternehmen können lokale Evaluierungsteams zusammenstellen, um überprüfbare, verlässliche und aktuelle Informationen über die qualitativen Gegebenheiten der landwirtschaftlichen Produktion zu erheben und auszutauschen. Sie müssten sicherstellen, dass sie die Inhaber legitimer Eigentums-, Besitz- oder Nutzungsrechte respektieren, u.a. indem sie mit lokalen Gemeinden nach Treu und Glauben effektive und zweckdienliche Konsultationen führen. Landwirtschaftliche Unternehmen, die in der Viehwirtschaft tätig sind, sollten im Rahmen ihrer Geschäftstätigkeit den Tierschutz fördern. Die Ergebnisse der Risikoabschätzungen sollten nachgelagerten Unternehmen zur Verfügung gestellt werden.

- Nachgelagerte Unternehmen sollten nicht nur die mit ihrer eigenen Geschäftstätigkeit verbundenen Risiken identifizieren, sondern auch ihr Möglichstes tun, um die Risiken zu bewerten, denen sich ihre Zulieferer gegenübersehen. Dazu können sie die Due-Diligence-Praktiken ihrer Zulieferer oder, indem sie zum Beispiel die landwirtschaftlichen Betriebe besichtigen, direkt die Geschäftstätigkeit ihrer Zulieferer prüfen. Eine Beteiligung an branchenweiten Initiativen, die überprüfen, inwieweit Geschäftspartner Standards für verantwortungsvolles unternehmerisches Handeln einhalten, und wichtige Informationen bereitstellen, kann diese Risikoabschätzungen erleichtern.
- Finanzunternehmen können Hunderte bzw. Tausende von Kunden haben. Es ist u.U. nicht immer möglich, für jeden dieser Kunden eine Risikoabschätzung durchzuführen. Gemäß den OECD-Leitsätzen wird von allen Unternehmen erwartet, dass sie globale Tätigkeitsbereiche identifizieren, in denen das Risiko des Aufkommens negativer Effekte am bedeutendsten ist, und die entsprechenden Due-Diligence-Prüfungen priorisieren. Der adäquate Umfang der Sorgfaltspflichten eines Finanzinstituts hängt von der Art seiner Geschäftstätigkeit, seiner Produkte und Dienstleistungen ab[77].

Stufe 3. Entwicklung und Umsetzung einer Strategie zur Bewältigung der identifizierten Risiken

3.1. Berichterstattung über die Ergebnisse der Risikoabschätzung an die zuständigen Führungskräfte

3.2. Beschluss eines Risikomanagementplans

Dieser Plan kann u.a. die in Anhang A vorgeschlagenen Maßnahmen zur Risikominderung und -prävention umfassen. Er kann mehrere Szenarien vorsehen, je nachdem wie eng die negativen Effekte mit dem Unternehmen verbunden sind (vgl. Kasten 1.2 wegen weiterer Einzelheiten):

- Wenn das Unternehmen negative Effekte verursacht, sollte es für die tatsächlichen negativen Effekte Abhilfe[78] schaffen und potenzielle negative Effekte verhüten. Dies kann eine vorübergehende Unterbrechung der Geschäftstätigkeit zur Folge haben, wenn messbare Anstrengungen zur Prävention künftiger negativer Auswirkungen unternommen werden, oder einen endgültigen Abbruch der Geschäftstätigkeit, wenn die Auswirkungen nicht gemindert werden können.
- Trägt das Unternehmen zu negativen Effekten bei, sollte es seinen Beitrag zu den negativen Effekten beenden und seinen Einfluss nutzen, um etwaige noch verbleibende negative Auswirkungen zu mindern. Dies kann zu einer vorübergehenden Unterbrechung der Geschäftstätigkeit führen. Zudem sollte das Unternehmen vorbeugende Maßnahmen ergreifen, um sicherzustellen, dass diese negativen Effekte nicht erneut auftreten.
- In Fällen, in denen das Unternehmen selbst nicht zum negativen Effekt beigetragen hat, dieser Effekt aber gleichwohl auf Grund einer Geschäftsbeziehung unmittelbar mit der Geschäftstätigkeit, den Produkten oder Dienstleistungen des Unternehmens verbunden ist, sollte es seinen Einfluss nutzen, um den negativen Effekt zu mindern oder zu verhüten. Dies kann zum Abbruch einer Geschäftsbeziehung führen, wenn alle Versuche der Risikominderung gescheitert sind oder wenn eine Risikominderung als nicht machbar oder inakzeptabel erachtet wird. Für die Ermittlung der angemessenen Reaktion sind u.a. folgende Faktoren relevant: die Stärke und Eintrittswahrscheinlichkeit

der negativen Effekte, die Fähigkeit des Unternehmens, Einfluss auf den Geschäftspartner oder andere wichtige Akteure (z.B. den Staat) auszuüben und/oder entsprechende Einflussmöglichkeiten aufzubauen, sowie die Frage, wie wichtig der Geschäftspartner für das Unternehmen ist.

Alle Unternehmenstypen können selbst negative Effekte verursachen, zu negativen Effekten beitragen oder unmittelbar mit negativen Effekten verbunden sein. Folgende Beispiele veranschaulichen, was dies in der Praxis bedeuten kann:

- *Verursachen:* Alle drei Unternehmenstypen – landwirtschaftliche Unternehmen, nachgelagerte Unternehmen und Finanzunternehmen – können selbst negative Effekte verursachen. Einige negative Effekte, Auswirkungen auf Landrechte und das Wohlergehen von Tieren etwa, können jedoch nur von landwirtschaftlichen Unternehmen und, in geringerem Maße, von nachgelagerten Unternehmen direkt verursacht werden. Wird im Rahmen einer Risikoabschätzung festgestellt, dass ein landwirtschaftliches Unternehmen die Landrechte legitimer Rechteinhaber verletzt, sollte es für diese Effekte Abhilfe schaffen, z.B. indem den legitimen Rechteinhabern das Land zurückgegeben oder sichergestellt wird, dass sie dafür eine angemessene und unverzügliche Entschädigung erhalten.
- *Beitragen zu:* Wenn ein großer Lebensmitteleinzelhändler bei saisonalen und frischen Agrarprodukten wie Erdbeeren kurze Lieferfristen verlangt, kann dies dazu führen, dass seine Zulieferer ihr Personal unvermittelt aufstocken, um die Nachfrage zu decken, und dabei die Rechte kurzfristig beschäftigter Wanderarbeitnehmer verletzen. Daher sollte der Lebensmitteleinzelhändler seinen Beitrag zu diesem negativen Effekt beenden, indem er z.B. weniger Druck auf seine Zulieferer ausübt oder die Einkaufspreise erhöht, um den Liquiditätsengpässen seiner Zulieferer Rechnung zu tragen.
- *Unmittelbar verbunden:* Es ist möglich, dass ein Pensionsfonds in einen Investmentfonds investiert, der seinerseits in einen landwirtschaftlichen Betrieb investiert, der für einige der arbeitsintensivsten Aufgaben, wie die Vanilleernte, auf Kinderarbeit zurückgreift. Damit besteht zwischen dem Pensionsfonds und den negativen Auswirkungen auf die Menschenrechte eine unmittelbare Verbindung. Der Pensionsfonds sollte daher seinen Einfluss nutzen, um den negativen Effekt zu verhindern oder zu mindern, z.B. indem er die Absicht bekundet, seine Investmentfondsanteile abzustoßen, wenn das Problem der Kinderarbeit nicht auf Ebene des landwirtschaftlichen Betriebs angegangen wird.

3.3. Umsetzung des Risikomanagementplans, Monitoring und Überwachung der Ergebnisse der Bemühungen zur Risikominderung sowie Berichterstattung an die zuständigen Führungskräfte

Dies erfordert Konsultationen mit betroffenen Akteuren, einschließlich der Arbeitnehmer und ihrer Vertreter, sowie mit Geschäftspartnern, um Bedenken zu klären und sich auf eine Risikominderungsstrategie zu einigen.

Stufe 4. Überprüfung der Due-Diligence-Praktiken entlang der Lieferkette

Unternehmen sollten Maßnahmen ergreifen, um zu überprüfen, ob ihre Due-Diligence-Praktiken effektiv sind, d.h. ob die Risiken angemessen identifiziert und verringert bzw. vermieden wurden. Zwei Szenarien sind möglich:

1. Wurde das Risiko verringert oder vermieden, sollte das Unternehmen weiterhin dem Risiko angemessene Due-Diligence-Prüfungen durchführen.

2. Wurde das Risiko nicht verringert oder vermieden, sollte im Rahmen eines Prüfverfahrens ermittelt werden, warum dies der Fall war, etwa weil es an einer effektiven Risikominderungsstrategie fehlte, weil der Zeitpunkt inadäquat oder die Ressourcen unzureichend waren oder weil die Risikominderung nicht entschlossen genug in Angriff genommen wurde. Danach sollte eine neue Risikoabschätzung vorgenommen werden.

   Das Prüfverfahren sollte:

- gewährleisten, dass die Interessen von Frauen angemessen berücksichtigt werden;
- dem Risiko angemessen sein;
- Empfehlungen zur Verbesserung der Due-Diligence-Praktiken nach sich ziehen;
- den Kapazitäten der verschiedenen Unternehmen Rechnung tragen, da solche Verfahren kostspielig sein können. Bei kleinen Unternehmen können die Due-Diligence-Praktiken mit Hilfe erschwinglicher Mechanismen wie lokal angeregten Initiativen zur Einhaltung von Sozialstandards geprüft werden[79].

Das Prüfverfahren kann Audits, Kontrollen vor Ort und Konsultationen mit staatlichen Stellen, der Zivilgesellschaft, Mitgliedern der betroffenen Gemeinde und Arbeitnehmerorganisationen auf lokaler, nationaler und internationaler Ebene umfassen. Die Unabhängigkeit und die Qualität der Audits sind für deren Wirksamkeit von entscheidender Bedeutung[80]. Die Auditoren sollten unabhängig, kompetent und rechenschaftspflichtig sein. Unternehmen können in Erwägung ziehen, die Audits in unabhängige institutionalisierte Mechanismen zur Akkreditierung von Auditoren einzubetten, sie zu prüfen, Auditberichte zu veröffentlichen, bei Zulieferern Module zum Kapazitätsaufbau für die Durchführung von Due-Diligence-Prüfungen umzusetzen und Folgemaßnahmen zu Beschwerden betroffener Parteien zu fördern.

Komplementäre und einander verstärkende Prüfverfahren auf Basis gemeinsamer Standards an geeigneten Punkten der Lieferkette können helfen, einer Auditmüdigkeit vorzubeugen, und die Effizienz von Audits erhöhen[81]. So können Auditoren zum Beispiel Schlussfolgerungen von Audits anerkennen, die von anderen unabhängigen Dritten durchgeführt wurden. Unternehmen ziehen es u.U. vor, sich auf strategische Kontrollpunkte zu konzentrieren, d.h. auf Punkte, an denen eine begrenzte Zahl von Akteuren an der Lieferkette beteiligt ist, statt jedes Unternehmen in der Lieferkette zu prüfen. Strategische Kontrollpunkte können Unternehmen durch Berücksichtigung folgender Elemente ermitteln:

i) zentrale Punkte der Materialtransformation in der Lieferkette, wie die Verarbeitung oder Verpackung;

ii) die Zahl der an einem bestimmten Punkt in der Lieferkette tätigen Akteure; Audits könnten sich auf Punkte in der Lieferkette konzentrieren, an denen relativ wenige Akteure tätig sind bzw. an denen die meisten Agrarprodukte und Nahrungsmittel gebündelt sind;

iii) die wichtigsten Interventionspunkte nachgelagerter Unternehmen;

iv) Punkte, an denen bereits Systeme und Auditprogramme bestehen, um diese Systeme zu nutzen und Doppelarbeit zu vermeiden.

In Äthiopien etwa wäre die äthiopische Rohstoffbörse (Ethiopian Commodity Exchange), an der eine begrenzte Zahl von Händlern den Kaffee einer Vielzahl von Produzenten verkauft, ein möglicher strategischer Kontrollpunkt in der Lieferkette von Kaffee (vgl. Fall *ii)* oben). In stärker fragmentierten Kaffeelieferketten könnten Verarbeitungsbetriebe,

Großhändler oder Exporteure als strategische Kontrollpunkte dienen. Dabei sollte die Fokussierung auf diese Kontrollpunkte kein Ersatz für gründliche Due-Diligence-Prüfungen entlang der gesamten Lieferkette sein.

Stufe 5. Berichterstattung über die Due-Diligence-Maßnahmen und -Praktiken entlang der Lieferkette

Unternehmen sollten unter gebührender Berücksichtigung von Vertraulichkeitserfordernissen und sonstigen Wettbewerbserwägungen öffentlich über ihre Due-Diligence-Maßnahmen und -Praktiken entlang der Lieferkette Bericht erstatten. Sie sollten betroffenen Akteuren und Geschäftspartnern klare, exakte und zeitnahe Informationen über die tatsächlichen und potenziellen negativen Effekte liefern, die im Rahmen der kontinuierlichen Folgenabschätzung identifiziert wurden, sowie über die zu deren Minderung oder Vermeidung eingeleiteten Schritte und Maßnahmen. Die Berichte können darüber hinaus Informationen über die Unternehmensmanagementsysteme und die Prüfberichte zu den Due-Diligence-Praktiken enthalten. Nach der Veröffentlichung sollten die Berichte allen wichtigen Akteuren zugänglich sein.

Die Kommunikation kann neben der öffentlichen und formellen Berichterstattung unterschiedliche Formen annehmen, darunter persönliche Treffen, Online-Dialoge und Konsultationen mit betroffenen Akteuren. Sie muss in Bezug auf Form, Häufigkeit, Zugänglichkeit und bereitgestellte Informationen den jeweiligen Auswirkungen und der jeweiligen Zielgruppe angemessen sein.

Anmerkungen

1. Während die Definition von Landwirtschaft in der Satzung der Ernährungs- und Landwirtschaftsorganisation der Vereinten Nationen (FAO) auch Fischerei und Forstwirtschaft einschließt, liegt der Fokus des vorliegenden Leitfadens in erster Linie auf Ackerbau und Nutztierhaltung.
2. Verantwortungsvolles unternehmerisches Handeln bedeutet, dass Unternehmen *a)* einen positiven Beitrag zum wirtschaftlichen, ökologischen und sozialen Fortschritt im Hinblick auf die angestrebte nachhaltige Entwicklung leisten sollen und *b)* negative Effekte ihrer eigenen Aktivitäten verhindern und ihnen begegnen sowie negative Effekte verhüten oder mindern sollen, die auf Grund einer Geschäftsbeziehung mit ihrer Geschäftstätigkeit, ihren Produkten oder Dienstleistungen unmittelbar verbunden sind.
3. Die Standards in diesem Leitfaden beziehen sich auf Empfehlungen in Instrumenten unterschiedlicher Art, darunter Übereinkommen, Erklärungen, Grundsätze und Leitlinien.
4. Wie der vom Weltwirtschaftsforum 2015 veröffentlichte Bericht „*Beyond supply chains – Empowering responsible value chains*" unterstreicht, können Unternehmen von der Einhaltung der Standards für verantwortungsvolles unternehmerisches Handeln profitieren, da Nachhaltigkeitsbemühungen durch die sich verändernde Marktdynamik an Bedeutung gewinnen. Kunden sind für Nachhaltigkeit zunehmend sensibilisiert. Insbesondere jüngere Verbraucher fordern nachhaltige Produkte und Praktiken und sind bereit, mehr dafür zu zahlen. Infolge immer knapper werdender natürlicher Ressourcen und steigender Rohstoffpreise werden Ressourceneffizienz und Abfallverminderung zu zentralen Variablen für die weitere Rentabilität von Unternehmen. Das Regulierungsumfeld sowie Nichtregierungsorganisationen zielen auf mehr Transparenz ab, was die Nichteinhaltungskosten in die Höhe treibt und Gegenreaktionen des Marktes hervorrufen kann.
5. Zur Definition des Begriffs „Geschäftsbeziehungen" vgl. die nachstehende Definition von „Due Diligence".
6. Wegen einer detaillierteren Beschreibung vgl. den Abschnitt „Adressaten".
7. Weitere Ressourcen sind verfügbar unter: *http://mneguidelines.oecd.org/rbc-agriculture-supplychains.htm* und *http://www.fao.org/economic/est/issues/investment/en*.
8. Vgl. den Unterabschnitt „Prozess" wegen weiterer Einzelheiten zur Zusammensetzung der Beratergruppe und zu ihrer Rolle bei der Entwicklung des Leitfadens.
9. Weitere Informationen sind verfügbar unter: *http://mneguidelines.oecd.org/rbc-agriculture-supply-chains.htm*.
10. Die OECD-Leitsätze enthalten zwar keine genaue Definition des Begriffs multinationale Unternehmen, verweisen jedoch darauf, dass es sich hierbei gewöhnlich um in mehreren Ländern niedergelassene Unternehmen oder andere Unternehmensteile handelt (OECD-Leitsätze, I.4). Die CFS-RAI-Prinzipien richten sich an „Unternehmen, darunter landwirtschaftliche Betriebe" (Abs. 50-52).
11. Das Mandat der Multi-Stakeholder-Beratergruppe, in dem die Ziele, die Aufgaben und die Organisationsstruktur der Gruppe definiert sind, wurde im Juni 2013 von der OECD-Arbeitsgruppe Verantwortungsbewusstes unternehmerisches Handeln und im Juli 2013 von der Arbeitsgruppe Agrarpolitik und -märkte angenommen.
12. Wegen konkreter Beispiele vgl. „Botswana agrifood value chain project: Beef value chain study", FAO (2013); „A farm gate-to-consumer value chain analysis of Kenya's maize marketing system", Michigan State University (2011); „A Value chain analysis of the cashew sector in Ghana", 2010; oder „Rwanda's essential oils value chains: A diagnostic", UNIDO (2012).
13. Im Rahmen der Vertragslandwirtschaft erfolgt die Produktion auf Basis einer zwischen dem Abnehmer und dem Produzenten getroffenen Vereinbarung. Der Begriff schließt ein breites Spektrum an Verträgen ein und kann nach Art des Vertragspartners, des Produkts, der Intensität der Koordinierung zwischen Landwirten und Investoren sowie der Anzahl der beteiligten Akteure differenziert werden. Wegen weiterer Informationen vgl. *www.fao.org/ag/ags/contract-farming/faq/en/#c100440*.
14. Wegen näherer Einzelheiten vgl. *OECD Due Diligence for Responsible Supply Chains of Minerals from Conflict-Affected and High-Risk Areas* (2011).
15. Basierend auf den OECD-Leitsätzen, II.15.
16. OECD-Leitsätze, II.A.10.

17. OECD-Leitsätze, II.16.

18. Zu solchen Programmen zählen u.a.: die Prinzipien und Kriterien für eine nachhaltige Palmölproduktion zur Zertifizierung von Palmölproduzenten, -verarbeitern oder -händlern sowie Herstellern, Einzelhändlern, Banken und Investoren in den Palmöllieferketten; die Standards des „Roundtable on Sustainable Biofuels" zur Zertifizierung von Biokraftstoffakteuren; die Prinzipien und Kriterien für eine verantwortungsvolle Sojaproduktion zur Zertifizierung von Sojaproduzenten bzw. Gruppen von Sojaproduzenten; die Standards der Better Sugar Cane Initiative (Bonsucro) für Zuckerrohranbauer sowie die Prinzipien für verantwortungsvolle Investitionen in Agrarland („Principles for Responsible Investment in Farmland") für institutionelle Kapitaleigner und Manager. Auch Monitoring-Plattformen wie Sedex können die Überwachung der Ergebnisse der Anbieter erleichtern.

19. Die OECD-Empfehlungen zu den Sorgfaltsgrundsätzen für verantwortungsvolles Lieferkettenmanagement für Mineralien aus Konflikt- und Hochrisikogebieten (Due Diligence Guidance for Responsible Supply Chains of Minerals from Conflict-Affected and High-Risk Areas) wurden vom Rat am 25. Mai 2011 auf Ministerebene verabschiedet und anschließend am 17. Juli 2012 geändert, um einen Verweis auf den Zusatz in Bezug auf Gold einzufügen.

20. Dieses Muster zur Unternehmenspolitik zielt nicht darauf ab, bestehende Standards zu ersetzen. Daher sollten Unternehmen direkt auf die jeweiligen Standards Bezug nehmen, bevor sie eventuelle Ansprüche in Bezug auf deren Einhaltung geltend machen. Die Quellenangaben zu den im Text genannten Standards werden jeweils nach dem letztgenannten Element und nicht nach jedem einzelnen Element angeführt. Sie sollen Unternehmen den Zugang zum Originaltext der in diesem Leitfaden berücksichtigten Standards erleichtern, damit sie weitere Einzelheiten über deren Inhalt in Erfahrung bringen können.

21. OECD-Leitsätze, II.10 und VI.3; CFS-RAI-Prinzipien, 10; VGGT 12.10; Leitprinzipien der Vereinten Nationen, Abs. 17; CBD, Art. 14; Akwé:Kon-Richtlinien; IFC Performance Standard 1, Abs. 5 und 8-10.

22. OECD-Leitsätze, III.1-3, VI.2.a und VIII.2; CFS-RAI-Prinzipien, 9.ii und 10; Leitprinzipien der Vereinten Nationen, Abs. 21; IFC Performance Standard 1, Abs. 29; Aarhus-Übereinkommen, Art. 5. Vgl. Anhang A, 1.1 und 1.3 unten. Konkrete Leitlinien zu wichtigen Informationen, die gegenüber betroffenen Akteuren offenzulegen sind, bieten die OECD-Sorgfaltsgrundsätze „OECD Due Diligence Guidance for Meaningful Stakeholder Engagement in the Extractives Sector".

23. OECD-Leitsätze, VIII.2.

24. OECD-Leitsätze, II.14 und VI.2.b; CFS-RAI-Prinzipien, 9.iii-iv; VGGT, 9.9 und 12.11; Leitprinzipien der Vereinten Nationen, Abs. 18; PRAI, Grundsätze 1 und 4; Akwé:Kon-Richtlinien, 11, 13-17 und 57; IFC Performance Standard 1, Abs. 26-27 und 30-33. Vgl. auch das ILO-Übereinkommen Nr. 169 über eingeborene und in Stämmen lebende Völker in unabhängigen Ländern (1989). Vgl. Anhang A, 1.2 unten. Weitere Leitlinien zur Einbindung betroffener Akteure finden sich in den OECD-Sorgfaltsgrundsätzen „OECD Due Diligence Guidance for Meaningful Stakeholder Engagement in the Extractives Sector".

25. Wie in der Einleitung dargelegt, berücksichtigt dieser gemeinsam von der OECD und der FAO erarbeitete Leitfaden neben den OECD-Leitsätzen mehrere andere Standards, insbesondere die CFS-RAI-Prinzipien, die Verweise auf FPIC beinhalten, die in den OECD-Leitsätzen nicht zu finden sind. In diesem Absatz wird das CFS-RAI-Prinzip 9.iv zitiert. Vgl. auch IFC Performance Standard 7, Abs. 12-17; Akwé:Kon-Richtlinien, 29 und 60; VGGT, 3B.6, 9.9 und 12.7; Erklärung der Vereinten Nationen über die Rechte der indigenen Völker, Art. 10, 11 und 32 und das ILO-Übereinkommen Nr. 169 über eingeborene und in Stämmen lebende Völker in unabhängigen Ländern, Art. 16.

26. Vgl. Anhang B wegen weiterer Leitlinien zur Zusammenarbeit mit indigenen Völkern und zu freiwilliger und in Kenntnis der Sachlage erteilter vorheriger Zustimmung („free, prior and informed consent" – FPIC).

27. OECD-Leitsätze, II.A.1; CFS-RAI-Prinzipien, 2.iv, v und vii; VGGT, 12.4; Akwé:Kon-Richtlinien, 40.

28. CFS-RAI-Prinzipien, 2.iv-vii und 7.i und iii; VGGT, 12.6; PRAI, Grundsätze 5-6; Akwé:Kon-Richtlinien, 46; IFC Performance Standard 7, Abs. 14 und 17-20, sowie Standard 8, Abs. 16. Vgl. auch CBD Art. 8(j), Nagoya-Protokoll, Art. 5-7, Internationaler Vertrag über pflanzengenetische Ressourcen für Ernährung und Landwirtschaft (ITPGR), Art. 9.2. Die Vorteile können monetärer oder nichtmonetärer Art sein: vgl. Anhang zum Nagoya-Protokoll. Wegen weiterer Einzelheiten vgl. auch Anhang A, 1.4.

29. OECD-Leitsätze, IV, Abs. 46 und VIII.3; CFS-RAI-Prinzipien, 9.v; VGGT, 3.2, 12.14, 25.1 und 25.3; Leitprinzipien der Vereinten Nationen, 31; PRAI, Grundsatz 1; Akwé:Kon-Richtlinien, 63; MNE-Erklärung der ILO, 58-59; IFC Performance Standard 1, Abs. 35, sowie 5, Abs. 11. Vgl. Anhang A, 1.5. Weitere Leitlinien für Beschwerdemechanismen enthalten die OECD-Sorgfaltsgrundsätze „OECD Due Diligence Guidance for Meaningful Stakeholder Engagement in the Extractives Sector".
30. CFS-RAI-Prinzipien, 3; Übereinkommen zur Beseitigung jeder Form der Diskriminierung der Frau (CEDAW).
31. Wegen weiter Einzelheiten zu international anerkannten Menschenrechten vgl. OECD-Leitsätze, IV. 39.
32. OECD-Leitsätze, II.A.2 und IV; CFS-RAI-Prinzipien 1, 9.iv und 10 sowie Abs. 3, 19i, 47v, 50 und 51; Leitprinzipien der Vereinten Nationen, Abs. 11. Vgl. Anhang A, 2.
33. OECD-Leitsätze, IV.1 und 2.
34. OECD-Leitsätze IV.3; VGGT, 3.2; PRAI, Grundsatz 1; Akwé:Kon-Richtlinien, 57; UN Global Compact, Prinzipien 1-2.
35. OECD-Leitsätze, IV.5; Leitprinzipien der Vereinten Nationen, 17.
36. OECD-Leitsätze, IV.6; Leitprinzipien der Vereinten Nationen, 22.
37. Allgemeine Erklärung der Menschenrechte, Art. 2; CFS-RAI-Prinzipien 3.ii. Wie in Anhang A erläutert, halten die OECD-Leitsätze (V.1.e) fest, dass Unternehmen im Rahmen ihrer Aktivitäten vom Grundsatz der Chancengleichheit und Gleichbehandlung in der Beschäftigung geleitet sein und gegenüber ihren Arbeitskräften in Bezug auf Beschäftigung oder Beruf jegliche Diskriminierung auf Grund von Rasse, Hautfarbe, Geschlecht, Religion, politischer Anschauung, Abstammung oder sozialer Herkunft oder eines anderen Status unterlassen sollten. In Erläuterung 54 wird festgestellt, dass sich die Formulierung „sonstiger Status" im Sinne der Leitsätze auf die Tätigkeit der Gewerkschaften und persönliche Merkmale wie Alter, Behinderung, Schwangerschaft, Familienstand, sexuelle Orientierung oder HIV-Status bezieht.
38. OECD-Leitsätze, V.1-3; CFS-RAI-Prinzipien 2.i-ii; MNE-Erklärung der ILO, Abs. 8; Leitprinzipien der Vereinten Nationen; IFC Performance Standard 2; Grundsätze zu Kinderrechten und Unternehmenshandeln, 2. Zur Einhaltung dieser Kernarbeitsnormen, die die vier Grundprinzipien der ILO-Erklärung über grundlegende Prinzipien und Rechte bei der Arbeit sind, sind alle ILO-Mitglieder verpflichtet, unabhängig davon, welches ILO-Übereinkommen sie ratifiziert haben.
39. OECD-Leitsätze, V.4.b und V.4.c; CFS-RAI-Prinzipien, 2.iii; MNE-Erklärung der ILO 37-40; IFC Performance Standard 2, Abs. 10, 23, 25, 28-29; Grundsätze zu Kinderrechten und Unternehmenshandeln, 3 und 4.
40. MNE-Erklärung der ILO, 16 und 25-28. Wegen weiterer Details vgl. Anhang A, 3, zu angemessenen Arbeitsbedingungen.
41. ILO-Empfehlung 198, Art. 7.a; IFC Performance Standard 2, Abs. 11.
42. CFS-RAI-Prinzipien, 3.iv.
43. Allgemeine Erklärung der Menschenrechte, Art. 23.
44. OECD-Leitsätze, II. A.4; MNE-Erklärung der ILO, Abs. 16 und 19; CFS-RAI-Prinzipien, 2.iii.
45. CFS-RAI-Prinzipien, 2.iii und 4.ii; MNE-Erklärung der ILO 30-32.
46. ILO-Übereinkommen über den Mutterschutz, 2000 (Nr. 183); Übereinkommen zur Beseitigung jeder Form von Diskriminierung der Frau, Art. 11 (2).
47. CFS-RAI-Prinzipien, 8.iv.
48. OECD-Leitsätze, VIII.1, 6-7; CFS-RAI-Prinzipien, 2.viii und 8.i, iii und iv; PRAI, 5.2.1.
49. Akwé:Kon-Richtlinien, 50; IFC Performance Standard 4.
50. CFS-RAI-Prinzipien, 1 und 8.i; VGGT 12.1, 12.4 und 12.12; PRAI, Grundsatz 2.2. Vgl. Anhang A, 5. Die vier Faktoren der Ernährungssicherheit, d.h. Verfügbarkeit, Zugänglichkeit, Stabilität und Verwendung von Nahrung, werden im Aktionsplan des Welternährungsgipfels 1996 thematisiert, der von 112 Staats- und Regierungschefs bzw. stellvertretenden Staats- und Regierungschefs verabschiedet wurde, die sich verpflichten, „*Maßnahmen zur Beseitigung von Armut und Ungleichheit und zur Verbesserung des physischen und wirtschaftlichen Zugangs aller und zu jeder Zeit zu ausreichender,*

nahrhafter und gesundheitlich unbedenklicher Nahrung und deren effizienter Verwendung umzusetzen; und in den Bereichen Nahrung, Landwirtschaft, Fischerei, Forstwirtschaft und ländliche Entwicklung in Gebieten mit hohem und niedrigem Potenzial, die für ein angemessenes und verlässliches Nahrungsmittelangebot auf Ebene der privaten Haushalte sowie auf nationaler, regionaler und globaler Ebene von entscheidender Bedeutung sind, auf partizipative und nachhaltige Politikmaßnahmen und Praktiken zu setzen".

51. In den VGGT heißt es in Absatz 4.4 zu legitimen Eigentums-, Besitz- und Nutzungsrechten: *„Die Staaten sollten im Einklang mit den Grundsätzen der Konsultation und Beteiligung der vorliegenden Leitlinien in umfassend bekannt gemachten Regeln die Kategorien von Rechten definieren, die als legitim erachtet werden."*

52. VGGT, 2.4, 3.2, 9.1, 11.4 und 12.3; CFS-RAI-Prinzipien, 5 und 9.ii und Abs. 51; die den Leitprinzipien der Vereinten Nationen hinzugefügten und vom Menschenrechtsrat der Vereinten Nationen angenommenen Prinzipien der Vereinten Nationen für verantwortungsvolle Verträge („UN Principles for Responsible Contracts"), 10.

53. VGGT, 9.1, 12.4, 16.1 und 16.3; IFC Performance Standard 5, Abs. 2 und 8 sowie Standard 7, Abs. 15; Grundsätze zu Kinderrechten und Unternehmenshandeln, 7. Die Formulierung „unverzügliche, angemessene und wirksame Entschädigung" wird für die im Fall einer rechtmäßigen Enteignung erforderliche Entschädigung als Völkergewohnheitsrecht betrachtet. Vgl. Anhang A, 6 unten. Dabei ist zu beachten, dass sich die in diesem Leitfaden genannten Standards mit der Nulltoleranz gegenüber einer Verdrängung von Inhabern legitimer Eigentums-, Besitz- oder Nutzungsrechte decken, zu der sich große Nahrungsmittel- und Getränkeunternehmen kürzlich verpflichtet haben.

54. VGGT, 16.1 und 16.3; PRAI, Grundsatz 6.2.1; IFC Performance Standard 5, Abs. 9-10, 12, 19, 27-28, sowie Standard 7, Abs. 9 und 14. Gemäß Standard 7 Abs. 14 der Performance Standards der Internationalen Finanz-Corporation sollte, wo dies möglich ist, eine Entschädigung in Form von Land anstelle einer Barentschädigung geleistet werden, und der Erhalt des Zugangs zu natürlichen Ressourcen gewährleistet oder gleichwertige Ressourcen als Ersatz identifiziert werden. Als letzte Option sollten eine Barentschädigung geleistet und alternative Lebensgrundlagen identifiziert werden.

55. CFS-RAI-Prinzipien, 8.ii. Vgl. Anhang A, 7.

56. Von der Weltorganisation für Tiergesundheit (OIE) entwickelte Grundprinzipien. Wegen weiterer Informationen vgl. die fünf Freiheiten des Farm Animal Welfare Council unter *www.fawc.org.uk/freedoms.htm*.

57. Englands Verordnungen von 2000 (S.I. 2000 Nr. 1870) bzw. Verordnung 3(1) zum Wohlergehen landwirtschaftlicher Nutztiere.

58. OECD-Leitsätze, VI.1; CFS-RAI-Prinzipien, 10; VGGT 4.3, 11.2, 12.6 und 12.10; PRAI, Grundsatz 7; Performance Standards der Internationalen Finanz-Corporation 1.1.

59. Eine Liste giftiger Stoffe enthält: die Liste gefährlicher Agrochemikalien der Weltgesundheitsorganisation (WHO); die von der WHO empfohlene Klassifizierung von Pestiziden nach Gefahrenklasse Ia (extrem gefährlich) oder Ib (hoch gefährlich); das Stockholmer Übereinkommen über persistente organische Schadstoffe (POP-Konvention) aus dem Jahr 2004; das Rotterdamer Übereinkommen über das Verfahren der vorherigen Zustimmung nach Inkenntnissetzung für bestimmte gefährliche Chemikalien sowie Pflanzenschutz- und Schädlingsbekämpfungsmittel im internationalen Handel aus dem Jahr 2004; das Basler Übereinkommen über die Kontrolle der grenzüberschreitenden Verbringung gefährlicher Abfälle und ihrer Entsorgung aus dem Jahr 1992; das Montrealer Protokoll über Stoffe, die zu einem Abbau der Ozonschicht führen, aus dem Jahr 1999 und die Liste „Substitute It Now" (SIN) für Pestizide.

60. Während die meisten Instrumente, die im Rahmen eines zwischenstaatlichen Verfahrens angenommen wurden, auf die „Effizienz der Ressourcennutzung" Bezug nehmen, gehen die Performance Standards der Internationalen Finanz-Corporation in dem auf Wasserverbrauch bezogenen Absatz 9 von Standard 3 weiter, indem sie von Unternehmen verlangen, „Maßnahmen zur Vermeidung oder Verringerung des Wasserverbrauchs zu ergreifen".

61. Standard 6, Absatz 20 der Performance Standards der Internationalen Finanz-Corporation definiert ein legales Schutzgebiet als Gebiet, das folgender Definition der *Weltnaturschutzunion* (IUCN) entspricht: „ein klar definierter geografischer Raum, der unter Einsatz gesetzlicher oder anderer wirksamer Mittel anerkannt, zweckbestimmt und verwaltet wird, um den langfristigen Schutz

der Natur und der damit verbundenen Ökosystemleistungen und kulturellen Werte zu erreichen". Dies schließt Gebiete ein, die von Staaten für eine solche Einstufung vorgeschlagen werden.

62. OECD-Leitsätze, VI.6; CFS-RAI-Prinzipien 1.i und 6; PRAI, Grundsatz 7; Performance Standards der Internationalen Finanz-Corporation 3 und 6; CBD, Übereinkommen über den internationalen Handel mit gefährdeten Arten freilebender Tiere und Pflanzen (CITES) aus dem Jahr 1975. Vgl. auch Anhang A, 8.

63. OECD-Leitsätze II.A.5 und 7, II.A.15, und VII; CFS-RAI-Prinzipien, 9.i; VGGT, 6.9, 9.12 und 16.6; UN Global Compact, Prinzip 10. Vgl. Anhang A, 9.1. Die internationalen Standards zur Bekämpfung von Geldwäsche, Terrorismus- und Proliferationsfinanzierung, die von der Financial Action Task Force entwickelt und 2003 von 180 Ländern angenommen wurden, sind auch für Finanzinstitute von Bedeutung. Präventivmaßnahmen, einschließlich der Sorgfaltspflicht bei der Feststellung der Kundenidentität (Customer Due Diligence) und der Aufbewahrung von Unterlagen, sind im Rahmen der Korruptionsbekämpfung besonders effektiv.

64. OECD-Leitsätze, XI.1-2. Vgl. Anhang A, 9.2.

65. OECD-Leitsätze, X.2-3. Vgl. Anhang A, 9.3.

66. Die *G20/OECD-Grundsätze der Corporate Governance* sind der internationale Maßstab für Politikverantwortliche, Investoren, Unternehmen und andere Akteure weltweit im Bereich der Corporate Governance. Sie wurden als einer der Kernstandards für solide Finanzsysteme des Finanzstabilitätsrats (FSB) anerkannt und von der Weltbankgruppe bereits in über 60 Länderberichten weltweit angewandt. Zudem dienen sie als Grundlage für die *Corporate Governance Principles for Banks* des Basler Ausschusses für Bankenaufsicht. *www.oecd.org/corporate/principles-corporate-governance.htm.*

67. OECD-Leitsätze, IX; CFS-RAI-Prinzipien, 7, iv; MNE-Erklärung der ILO, 19; CBD; Art. 16; UN Global Compact, Prinzip 9.

68. IFC Performance Standard 6, Abs. 26.

69. OECD-Leitsätze, IV, Erläuterung 44; Leitprinzipien der Vereinten Nationen, Abs. 16.

70. Die Codex-Alimentarius-Kommission definiert Rückverfolgbarkeit als Fähigkeit, Lebensmittel über bestimmte Produktions-, Verarbeitungs- und Vertriebsstufen zu verfolgen.

71. Bei der Rückverfolgbarkeit durch Massebilanzen (*mass balance traceability*) wird die genaue Menge des geprüften und zertifizierten Materials, das in die Lieferkette gelangt, kontrolliert. Am Ende der Lieferkette kann die gleiche Menge des Produkts verkauft oder zertifiziert werden. Dabei können zertifizierte und nichtzertifizierte Bestandteile gemischt werden. Bei der Rückverfolgbarkeit durch physische Warentrennung (*physical segregation traceability*) werden die Materialien und Produkte entlang der Lieferkette identifiziert und verfolgt. Der Begriff Chain of Custody bezeichnet die chronologische Dokumentation bzw. Papierspur, die über die Übernahme, die Aufbewahrung, die Kontrolle, den Transfer, die Analyse und die Übergabe eines materiellen Produkts Auskunft gibt.

72. Nähere Informationen dazu finden sich in Anhang A, 1.3.

73. Wegen weiterer Informationen vgl. Anhang A, 1.5; Performance Standards der Internationalen Finanz-Corporation, 2009; und OECD Due Diligence Guidance for Meaningful Stakeholder Engagement in the Extractives Sector.

74. Wie im Leitfaden zum Aushandeln von Investitionsverträgen des International Institute for Sustainable Development (IISD, 2014) erläutert, sind Umweltverträglichkeitsprüfungen (UVP) in zahlreichen Wirtschaftssektoren nunmehr gängige Praxis. Mitte der 1990er Jahre war in etwa zwei Drittel der rd. 110 Entwicklungsländer eine Art von UVP gesetzlich verankert. Sozialverträglichkeitsprüfungen sind weniger verbreitet, entwickeln sich aber zunehmend zu einem Bestandteil des UVP-Verfahrens bzw. der UVP-Praxis. Für Sozialverträglichkeitsprüfungen gibt es keine allgemein anerkannten Grundsätze, die International Association for Impact Assessment hat jedoch einen Katalog kohärenter Leitlinien veröffentlicht. Andere Varianten sind u.a. Nachhaltigkeitsprüfungen, die soziale, wirtschaftliche und ökologische Aspekte abdecken, sowie Prüfungen kumulativer Auswirkungen. Immer gebräuchlicher werden kombinierte Umwelt- und Sozialverträglichkeitsprüfungen. Die Folgenabschätzungen können auch die Auswirkungen auf das Wohlergehen von Tieren betreffen.

75. Risikoanalyseinstrumente wie jene, die vom World Wide Fund for Nature (WWF) entwickelt wurden, können die Identifizierung von Risiken erleichtern. Dazu zählen u.a. ein Instrument

für die Beschaffungsrisikoanalyse (*www.supplyrisk.org*) und ein Wasserrisikofilter (*htttp://waterriskfilter.panda.org*).

76. Weitere Informationen dazu finden sich in Anhang A, 2 und 6.

77. Ob die Finanzdienstleistung in erster Linie der Beteiligung an, der Finanzierung oder der Förderung der *allgemeinen Geschäftstätigkeit* des Kunden (z.B. allgemeine Unternehmenskredite bzw. -finanzierungen) oder nur einer *bestimmten Geschäftstätigkeit* (z.B. Projektfinanzierung) dient, wirkt sich u.U. auf den Umfang des Due-Diligence-Verfahrens aus, das in den OECD-Leitsätzen empfohlen wird. Im ersten Fall dürfte vom Finanzinstitut erwartet werden, dass es sämtlichen negativen Effekten begegnet, die mit der Geschäftstätigkeit des Kunden verbunden sind. Im zweiten Fall wird möglicherweise nur erwartet, dass es den negativen Effekten der von ihm finanzierten oder unterstützten Aktivitäten begegnet.

78. Gemäß der unter dem Titel „*The Corporate Responsibility to Respect Human Rights, An Interpretive Guide*" veröffentlichten Publikation des Amts des Hohen Kommissars der Vereinten Nationen für Menschenrechte bezieht sich der Begriff „Abhilfe" nicht nur auf das Verfahren zur Bereitstellung von Abhilfe für einen negativen Effekt, sondern auch auf dessen substanzielle Ergebnisse, die dem negativen Effekt entgegenwirken bzw. ihn wiedergutmachen können. Diese Ergebnisse können unterschiedlicher Art sein und u.a. Entschuldigungen, Rückerstattung, Folgenbeseitigung, finanziellen oder nichtfinanziellen Schadensersatz, Strafmaßnahmen (straf- oder verwaltungsrechtlicher Art, wie etwa Geldstrafen) sowie Schadensverhütung, etwa durch einstweilige Verfügungen und Nichtwiederholungsgarantien, umfassen.

79. Das Programm Sustainability Initiative of South Africa (SIZA) ist ein gutes Beispiel für ein lokales Social-Compliance-Programm. Dieses Programm für ethischen Handel wurde vom Dachverband der südafrikanischen Obstindustrie entwickelt. Im Rahmen des Programms wurde für die südafrikanischen Obstbauern ein einheitlicher Katalog von Standards geschaffen, der sich an nationalen Gesetzen, am Referenz-Kodex, am Referenz-Auditverfahren bzw. an der Referenz-Methode des Global Social Compliance Programme sowie an ILO-Übereinkommen orientiert. Die Handelsplattform arbeitet mit lokalen Organisationen zusammen, um Kapazitäten aufzubauen. Durch den Kapazitätsaufbau bei lokalen Produzenten soll sichergestellt werden, dass die Investitionen der Handelsplattform zur Einhaltung der Sozialstandards in der landwirtschaftlichen Lieferkette in Südafrika nachhaltig sind.

80. Im Anschluss an die Rana-Plaza-Katastrophe unterstrich die französische NKS, wie wichtig unabhängige und qualitativ hochwertige Audits sind. Vgl. NCP report on the Implementation of the OECD Guidelines in the Textile and Clothing Sector gemäß einer Empfehlung von Nicole Bricq, Ministerin für Außenhandel, Empfehlung Nr. 6, S. 57-58, 2. Dezember 2013, www.tresor.economie.gouv.fr/File/398811.

81. So hat etwa die SGS das Global Social Compliance Programme entwickelt, um der Auditmüdigkeit entgegenzuwirken.

Literaturverzeichnis

FAO (2014), *The State of Food and Agriculture: Innovation in Family Farming*, Ernährungs- und Landwirtschaftsorganisation der Vereinten Nationen, Rom.

FAO (2012), *The State of Food and Agriculture: Investing in Agriculture for a Better Future*, Ernährungs- und Landwirtschaftsorganisation der Vereinten Nationen, Rom.

IISD (2014), The IISD *Guide to Negotiating Investment Contracts for Farmland and Water*, International Institute for Sustainable Development, Manitoba.

OECD/FAO (2015), *OECD-FAO Agricultural Outlook 2015*, OECD Publishing, Paris, *http://dx.doi.org/10.1787/agr_outlook-2015-en*.

OECD (2014), *Due diligence in the financial sector: adverse impacts directly linked to financial sector operations, products or services by a business relationship*, Notiz des OECD-Sekretariats, Paris, *http://mneguidelines.oecd.org/globalforumonresponsiblebusinessconduct/GFRBC-2014-financial-sector-document-1.pdf*.

OECD (2013), *OECD Due Diligence Guidance for Responsible Supply Chains of Minerals from Conflict-Affected and High-Risk Areas: Second Edition*, OECD Publishing, Paris, *http://dx.doi.org/10.1787/9789264185050-en*.

Anhang A

Maßnahmen zur Risikominderung und Risikoprävention entlang landwirtschaftlicher Lieferketten

In diesem Anhang werden die Risiken eines Auftretens negativer Effekte entlang landwirtschaftlicher Lieferketten identifiziert und Maßnahmen vorgeschlagen, um sie zu mindern und zu verhüten, wobei dieselben Standards wie im Muster zur Unternehmenspolitik als Grundlage dienen. Die vorgeschlagenen Maßnahmen können sich gegenseitig verstärken. So kann beispielsweise die Einhaltung der Arbeitsrechte, u.a. durch die Gewährleistung angemessener Löhne und Arbeitsbedingungen, den Zugang zu angemessener Nahrung fördern und dazu beitragen, das erreichbare Höchstmaß an körperlicher und geistiger Gesundheit zu erzielen. Die Umsetzung der vorgeschlagenen Maßnahmen sollte jedoch auf die Position in der Lieferkette und die Art der Beteiligung des jeweiligen Unternehmens daran, den Kontext und den Ort seiner Geschäftstätigkeit sowie auf die Unternehmensgröße und die jeweiligen Kapazitäten abgestimmt werden.

1. Allgemeine Standards für verantwortungsvolles unternehmerisches Handeln

1.1 *Offenlegung von Informationen*

Risiken

Ein Mangel an Transparenz kann Misstrauen säen und den Unternehmen die Möglichkeit nehmen, kleinere Probleme zu lösen, bevor sie in große Konflikte ausufern, während ein größtmöglicher Informationsaustausch die Transaktionskosten für alle beteiligten Akteure verringern kann (FAO, 2010). Sofern die Informationen nicht in einer sprachlich und kulturell angemessenen, messbaren, überprüfbaren und zeitnahen Weise bereitgestellt werden, u.a. durch regelmäßige Konsultationssitzungen und die Medien, laufen die Unternehmen Gefahr, von potenziell betroffenen Akteuren nicht richtig verstanden zu werden oder nicht alle betroffenen Parteien zu erreichen (IFC, 2012). Wenn keine klaren und durchsetzbaren Rechtsvorschriften über Transparenz und Offenlegung von Informationen vorhanden sind, ist es angezeigt, vertiefte Due-Diligence-Prüfungen durchzuführen (OECD, 2006).

Risikominderungsmaßnahmen

- Der Öffentlichkeit **aktuelle und exakte Informationen zur Verfügung stellen**, ohne dabei die Wettbewerbsposition oder die Pflichten gegenüber den wirtschaftlichen Eigentümern des Unternehmens in Frage zu stellen, und zwar über:
  - Zweck, Art und Umfang der Geschäftstätigkeit,
  - Pachtvereinbarungen und/oder -verträge und deren Bedingungen,

- Tätigkeit, Aufbau, Eigentumsverhältnisse und Corporate-Governance-Struktur des Unternehmens,
- Vermögens-, Ertrags- und Finanzlage des Unternehmens,
- Politik für verantwortungsvolles unternehmerisches Handeln und das entsprechende Umsetzungsverfahren, einschließlich des Verfahrens zur Einbeziehung der betroffenen Akteure und der Verfügbarkeit von Beschwerde- und Wiedergutmachungsmechanismen,
- Umwelt-, Sozial- und Menschenrechtsverträglichkeitsprüfungen, unter Einbeziehung absehbarer Risikofaktoren, darunter potenzielle ökologische und soziale Faktoren sowie die Menschenrechte, die Gesundheit und die Sicherheit betreffende Auswirkungen der Geschäftstätigkeit des Unternehmens auf verschiedene Akteure ebenso wie auf heilige Stätten, heiliges Land und heilige Gewässer, die traditionell von indigenen Völkern und lokalen Gemeinden genutzt oder bewohnt werden,
- die Umwelt, soziale Aspekte und die Menschenrechte betreffende Managementpläne sowie Produkteigenschaften[1].

- **Informationen** über alle angemessenen Informationsmittel (Presse, elektronische und soziale Medien, wie Zeitungen, Radio, Fernsehen, Mailings, Treffen auf lokaler Ebene usw.) **verbreiten**, wobei es die Situation entlegener bzw. isoliert lebender und großenteils nicht mit Grundqualifikationen ausgestatteter Gemeinden zu berücksichtigen gilt und sichergestellt werden muss, dass die entsprechenden Mitteilungen und Konsultationen in der Sprache bzw. den Sprachen der betroffenen Gemeinden erfolgen[2].
- Im Fall einer unmittelbar bevorstehenden Gefahr für die menschliche Gesundheit oder die Umwelt **unverzüglich** und ohne Aufschub sämtliche Informationen **bereitstellen**, die die zuständigen Behörden und die Öffentlichkeit in die Lage versetzen könnten, Maßnahmen zur Vermeidung oder Begrenzung des durch die Gefahr verursachten Schadens zu ergreifen[3].
- Die **Offenlegungspolitik** an Art, Umfang und Ort der Geschäftstätigkeit **anpassen**, unter gebührender Berücksichtigung von Kosten, Vertraulichkeitserfordernissen und sonstigen Wettbewerbserwägungen[4].

1.2 Konsultationen

Risiken

Mangelnde Konsultationen mit den Akteuren, auf die sich die Geschäftstätigkeit wahrscheinlich auswirken wird, hindern die Unternehmen daran, die Durchführbarkeit von Projekten realistisch zu bewerten und wirksame und kontextspezifische Korrektivmaßnahmen zu identifizieren. Umfassende und vollständig transparente Konsultationen können Transaktionskosten senken, Widerstand verringern und Vertrauen unter den beteiligten Akteuren schaffen.

Risikominderungsmaßnahmen

- Einen **Plan zur Einbeziehung der betroffenen Akteure** ausarbeiten und umsetzen, der auf die Risiken, die Auswirkungen und die Entwicklung der Geschäftstätigkeit sowie auf die Merkmale und Interessen der betroffenen Gemeinden abgestimmt ist. Der Plan sollte gegebenenfalls differenzierte Maßnahmen umfassen, um die effektive Mitwirkung derer zu ermöglichen, die als benachteiligt oder gefährdet identifiziert wurden[5].

- Nach Treu und Glauben frühzeitige und laufende, effektive und zweckdienliche **Konsultationen mit potenziell betroffenen Gemeinden** führen, unter gebührender Berücksichtigung der in Anhang B aufgeführten internationalen Standards. Solche Konsultationen sollten auch im Fall von Veränderungen der Geschäftstätigkeit abgehalten werden[6].
- Konsultations- und Entscheidungsprozesse **ohne Einschüchterung** in einem Vertrauensklima organisieren, bevor Entscheidungen getroffen werden, und auf die Beiträge eingehen, wobei die bestehenden Machtungleichgewichte zwischen den verschiedenen Parteien zu berücksichtigen sind[7].
- Den betroffenen Gemeinden gegebenenfalls gemeinsam mit den repräsentativen Einrichtungen der betroffenen Gemeinden und in Zusammenarbeit mit diesen Gemeinden **technische und rechtliche Unterstützung** bieten, damit sie diskriminierungsfrei an der Projektentwicklung mitwirken können.
- Die während der Konsultationen **zum Ausdruck gebrachten Ansichten voll und gebührend berücksichtigen**, ausreichend Zeit zwischen der Bekanntmachung der vorgeschlagenen Geschäftstätigkeit und der Konsultation der Öffentlichkeit dazu vorsehen, damit die betroffenen Gemeinden ihre Antwort ausarbeiten können, und die Betroffenen darüber informieren, inwieweit ihren Bedenken Rechnung getragen wurde[8].
- Die aus den Konsultationen resultierenden **Vereinbarungen dokumentieren und umsetzen,** indem u.a. ein Verfahren eingerichtet wird, in dessen Rahmen die Ansichten und Bedenken der betroffenen Gemeinden ordnungsgemäß erfasst werden können. Wenngleich schriftliche Erklärungen vorzuziehen sind, könnten die Ansichten der Gemeindemitglieder vorbehaltlich der Zustimmung der betroffenen Gemeinden ebenfalls auf Video- bzw. Tonband oder auf sonstige angemessene Weise aufgezeichnet werden[9].
- Soweit wie möglich überprüfen, dass die **Vertreter der Gemeinden** tatsächlich die Ansichten der betroffenen Akteure vertreten, die sie repräsentieren, und dass sie zuverlässig sind, um die Ergebnisse der Konsultationen den Mitgliedern ihrer Gemeinden wahrheitsgetreu mitzuteilen.
- Bei **Folgenabschätzungen** Mechanismen einrichten, die es den Gemeinden, insbesondere gefährdeten Gruppen, ermöglichen, an der Gestaltung und der Durchführung dieser Folgenabschätzungen teilzuhaben, die für Haftungs-, Wiedergutmachungs-, Versicherungs- und Entschädigungsfragen verantwortlichen Akteure identifizieren und ein Überprüfungs- und Rechtsbehelfsverfahren einführen[10].

1.3 Folgenabschätzung

Risiken

Die Unternehmen können die tatsächlichen und potenziellen negativen Auswirkungen ihrer Geschäftstätigkeit, Verfahren, Waren und Dienstleistungen durch Abschätzung der Risiken dieser Auswirkungen über deren ganzen Lebenszyklus hinweg dauerhaft vermeiden oder, wenn sie sich nicht vermeiden lassen, mindern. Folgenabschätzungen können es ihnen ermöglichen, einen umfassenden und zukunftsgerichteten Ansatz für das Risikomanagement zu entwickeln, wozu auch die Risiken zählen, die durch die Geschäftstätigkeit ihrer Geschäftspartner entstehen[11].

Risikominderungsmaßnahmen

- In eine Folgenabschätzung die **folgenden Schritte** einbeziehen:
    1. Screening, d.h. bestimmen, für welche Projekte eine Folgenabschätzung durchgeführt werden sollte, um jene auszuschließen, die kaum negative Effekte haben, und um das erforderliche Niveau der Folgenabschätzung festzulegen,
    2. Scoping, d.h. den Schwerpunkt der Folgenabschätzung und die wichtigsten Fragen bestimmen, die es zu untersuchen gilt,
    3. Wirkungsanalyse,
    4. Ermittlung von Minderungsmaßnahmen, darunter falls unter den gegebenen Umständen angemessen: Einstellung der betreffenden Arbeiten, Suche nach Alternativen, um negative Effekte zu vermeiden, Aufnahme von Schutzklauseln in die Gestaltung der Arbeitsabläufe oder Leistung von monetärem und/oder nichtmonetärem Schadensersatz für negative Effekte.
- Die folgenden **voraussichtlichen Auswirkungen** ordnungsgemäß erfassen (es kann sachdienlich sein, nicht nur negative Effekte, sondern auch positive Effekte zu erfassen, um die Letztgenannten zu verstärken), wenn Umwelt-, Sozial- und Menschenrechtsverträglichkeitsprüfungen durchgeführt werden:
    - Umweltauswirkungen, z.B. auf Boden, Wasser, Luft, Wald und Biodiversität[12],
    - soziale Auswirkungen, die die Lebensqualität, die Vitalität und die Lebensfähigkeit der betroffenen Gemeinden beeinflussen können, u.a. den Lebensstandard gemessen an der Einkommensverteilung, die physische und soziale Integrität von Individuen und Gemeinschaften, die vorhandenen Schutzsysteme, die Beschäftigungsquoten und -chancen, die Gesundheit und Sozialleistungen, die Bildung sowie die Verfügbarkeit und die Qualität von Wohnraum, Infrastrukturen und Dienstleistungen,
    - Auswirkungen auf die Menschenrechte, die z.B. die Gewährleistung der wirtschaftlichen, sozialen, kulturellen, staatsbürgerlichen und politischen Rechte der betroffenen Gemeinden beeinträchtigen können,
    - Auswirkungen auf das Kulturerbe, die Lebensweise, die Wertvorstellungen, die Glaubenssysteme, die Sprache(n), die Gepflogenheiten, die Wirtschaft, die Beziehungen zur lokalen Umwelt und zu bestimmten Arten, die gesellschaftliche Organisation und die Traditionen der betroffenen Gemeinden,
    - Auswirkungen auf Frauen unter gebührender Berücksichtigung ihrer Rolle als Ernährerin, Hüterin der biologischen Vielfalt und Trägerin von traditionellem Wissen[13],
    - Auswirkungen auf den Tierschutz.
- Die **betroffenen Gemeinden** auffordern, sich an der Durchführung der Folgenabschätzung zu beteiligen, Informationen bei ihnen einholen und ihnen in allen Schritten der Folgenabschätzung regelmäßiges Feedback geben[14].
- Die Risiken und Auswirkungen im Rahmen des **Einflussbereichs des Projekts** abschätzen, wenn das Projekt physische Elemente, Aspekte und Einrichtungen umfasst, die wahrscheinlich Auswirkungen verursachen[15].

1.4 Vorteilsausgleich

Risiken

Um dem Risiko der Bildung lokaler Widerstände entgegenzuwirken und die Transaktionskosten zu verringern, sollten die Unternehmen Möglichkeiten untersuchen, mit denen sie die positiven Effekte ihrer Geschäftstätigkeit auf die lokalen Gemeinden maximieren können. Die Aufnahme von Konsultationen über die Vorteile ihrer Geschäftstätigkeit für die verschiedenen beteiligten Akteure kann dazu beitragen, Vertrauen zu schaffen, Akzeptanz auf lokaler Ebene sicherzustellen und langfristige Allianzen zwischen den betroffenen Parteien zu bilden, während Konflikten vorgebeugt wird. Wenn gewährleistet wird, dass die Geschäftstätigkeit diesen Akteuren zugutekommt, kann auch die Ermittlung geeigneter Standorte für die Geschäftstätigkeit erleichtert und auf lokales Wissen zurückgegriffen werden, um eine optimale Nutzung des agro-ökologischen Potenzials sicherzustellen (FAO, 2010; VN, 2009).

Der Vorteilsausgleich ist von der Entschädigung für unvermeidbare negative Effekte zu unterscheiden (und kann zu dieser noch hinzukommen). Er zielt auf den Aufbau einer Partnerschaft zwischen dem Unternehmen und den indigenen Völkern bzw. lokalen Gemeinden in Anerkennung ihres Beitrags zur Geschäftstätigkeit ab. Unter bestimmten Umständen haben die indigenen Völker oder lokalen Gemeinden Anspruch auf eine Teilung der Vorteile, die sich aus der Geschäftstätigkeit ergeben, wenn die Unternehmen ihr Land, ihre Ressourcen oder ihr Wissen nutzen[16]. Solche Vorteile können monetärer oder nichtmonetärer Art sein[17], je nachdem welche Vereinbarung zwischen dem Unternehmen und der betreffenden Gemeinde im Rahmen des Konsultationsprozesses getroffen wurde. Die Entscheidung in Bezug auf die Art der Vorteile kann sich auf Umwelt-, Sozial- und Menschenrechtsverträglichkeitsprüfungen stützen[18].

Mit einem Vorteilsaustausch sind allerdings auch Risiken verbunden. Die Unternehmen sehen sich Konflikten mit den indigenen Völkern gegenüber, wenn die Vorteile nach der Aushandlung der Vorteilsausgleichsvereinbarungen nicht effektiv mit der ganzen Gemeinde geteilt werden, sondern von einer bestimmten Gruppe von Akteuren vereinnahmt werden. Wenn ein Vorteilsausgleich nur mit manchen und nicht mit allen beteiligten Gemeinden vereinbart wird, führt dies zum Ausschluss bestimmter Gemeinden. Derartige Risiken können durch eine konstruktive Einbindung der betroffenen Akteure in das Due-Diligence-Verfahren gemindert werden.

Risikominderungsmaßnahmen

- **Möglichkeiten** im Hinblick auf den Entwicklungsnutzen **identifizieren**, z.B. durch nachgelagerte und vorgelagerte Partizipation auf lokaler Ebene und Schaffung von lokalen Arbeitsplätzen in einem sicheren Arbeitsumfeld, Diversifizierung der Einkommenschancen, Kapazitätsaufbau, Beschaffung auf lokaler Ebene, Technologietransfer, Verbesserungen der örtlichen Infrastruktur, einen besseren Zugang zu Krediten und Märkten, insbesondere für kleine und mittlere Unternehmen, Zahlungen für Umweltdienstleistungen, Allokation der Einnahmen oder Gründung von Treuhandfonds[19].
- Sicherstellen, dass die Geschäftstätigkeit mit den **Entwicklungsprioritäten** und den sozialen Zielsetzungen der Regierung des Standortlands **im Einklang steht**[20].
- **Monetäre und nichtmonetäre Vorteile**, die sich aus der Geschäftstätigkeit infolge der Nutzung von Land, Ressourcen und Wissen der indigenen Völker auf der Grund-

lage des Konsultationsprozesses und von Umwelt-, Sozial- und Menschenrechtsverträglichkeitsprüfungen ergeben, so teilen, dass es nicht zu unfairen Vorteilen für bestimmte Gruppen kommt, sondern dass eine gerechte und nachhaltige soziale Entwicklung gefördert wird[21].

1.5 *Beschwerdemechanismen*

Risiken

Beschwerdemechanismen auf operativer Ebene, die als Frühwarnsystem zur Risikoerkennung konzipiert sind, bilden ein lokales, vereinfachtes und für beide Seiten vorteilhaftes Instrument, um Fragen zwischen Unternehmen und den betroffenen Gemeinden, einschließlich der Inhaber der Landrechte, zu regeln. Sie tragen dazu bei, kleinere Streitigkeiten rasch, kostengünstig und fair zu lösen, bevor zu ihrer Regelung formale Streitbeilegungsmechanismen wie Gerichte in Anspruch genommen werden (IFC, 2009). Sie können den Unternehmen wertvolles Feedback geben, indem sie als Frühwarnsystem für größere Probleme dienen, Erkenntnisse von Einzelpersonen liefern, die Möglichkeiten für Verbesserungen der Geschäftstätigkeit oder der Managementsysteme der Unternehmen beleuchten, und auf mögliche systemische Änderungen hinweisen, um zu vermeiden, dass es erneut zu bestimmten Beschwerden kommt (CAO, 2008).

Risikominderungsmaßnahmen

- Den Beschwerdemechanismus an den Risiken und den negativen Auswirkungen der Geschäftstätigkeit **ausrichten**, mit dem Ziel, Probleme rasch durch einen verständlichen, transparenten, kulturell angemessenen und leicht zugänglichen Konsultationsprozess zu lösen, ohne dass für die Partei, die die Frage oder das Problem hervorgebracht hat, Nachteile entstehen[22].
- Mit den **betroffenen Akteuren einen Dialog** über die Gestaltung und die Leistung des Mechanismus **aufnehmen**, um sicherzustellen, dass er ihren Bedürfnissen entspricht, sie ihn in der Praxis nutzen werden und gemeinsames Interesse an der Sicherung einer erfolgreichen Umsetzung besteht[23].
- Die Nutzung der von Unternehmen geschaffenen Beschwerdemechanismen vermeiden, um den **Zugang** zu gerichtlichen und außergerichtlichen Beschwerdemechanismen zu **verhindern**, einschließlich der im Rahmen der OECD-Leitsätze eingerichteten Nationalen Kontaktstellen, oder um die Rolle der Gewerkschaften bei der Beilegung arbeitsbezogener Konflikte zu untergraben[24].

Darüber hinaus stellt das in den Leitprinzipien der Vereinten Nationen enthaltene Wirksamkeitskriterium für außergerichtliche Beschwerdemechanismen (Prinzip 31) einen wichtigen Bezugspunkt dar: Sowohl staatliche als auch nichtstaatliche außergerichtliche Beschwerdemechanismen sollten die in Tabelle A.1 aufgeführten Kriterien erfüllen, um wirksam zu sein.

Tabelle A.1 **Merkmale wirksamer Beschwerdemechanismen**

Legitim	Sie sorgen für Vertrauen bei den Stakeholder-Gruppen, für die sie vorgesehen sind, und gewährleisten eine faire Abwicklung von Beschwerdeverfahren
Zugänglich	Sie sind allen Stakeholder-Gruppen, für die sie vorgesehen sind, bekannt und gewähren denjenigen, die im Hinblick auf den Zugang zu ihnen unter Umständen vor besonderen Hindernissen stehen, ausreichende Unterstützung
Berechenbar	Sie bieten ein klares, bekanntes Verfahren mit einem vorhersehbaren zeitlichen Rahmen für jede Verfahrensstufe, ebenso wie eine klare Erläuterung der verfügbaren Arten von Abläufen und Ergebnissen und der Mittel zur Überwachung der Umsetzung
Gerecht	Sie sollen sicherstellen, dass die Geschädigten angemessenen Zugang zu Informationen, Beratung und Fachwissen haben, die für die Einleitung eines Beschwerdeverfahrens in fairer, sachkundiger und respektvoller Weise erforderlich sind
Transparent	Sie informieren die Parteien eines Beschwerdeverfahrens laufend über dessen Fortgang und stellen genügend Informationen über die Leistung des Beschwerdemechanismus bereit, um Vertrauen in seine Wirksamkeit zu bilden und etwaigen öffentlichen Interessen Rechnung zu tragen
Rechtekompatibel	Sie stellen sicher, dass die Ergebnisse und Rechtsmittel mit den international anerkannten Menschenrechten im Einklang stehen
Eine Quelle kontinuierlichen Lernens	Sie stützen sich auf einschlägige Maßnahmen, um Erkenntnisse zur Verbesserung des Mechanismus und zur Verhütung künftiger Missstände und Schäden zu gewinnen
Auf Austausch und Dialog aufbauend	Sie konsultieren die Stakeholder-Gruppen, für die sie vorgesehen sind, hinsichtlich ihrer Gestaltung und Leistung und stellen auf Dialog als Mittel ab, um Missständen zu begegnen und sie beizulegen

Quelle: Leitprinzipien der Vereinten Nationen, Prinzip 31.

2. Menschenrechte

Risiken

Die Unternehmen laufen Gefahr, die Menschenrechte zu missachten, wenn sie im Kontext ihrer eigenen Aktivitäten negative Auswirkungen auf die Menschenrechte verursachen oder einen Beitrag dazu leisten und diesen Auswirkungen nicht begegnen, wenn sie auftreten. Sie sollten negative Auswirkungen auf die Menschenrechte verhüten oder mindern, die auf Grund einer Geschäftsbeziehung mit ihrer Geschäftstätigkeit, ihren Produkten oder Dienstleistungen unmittelbar verbunden sind[25]. Die Unternehmensverantwortung zur Achtung der Menschenrechte existiert unabhängig von der Kapazität und/oder der Bereitschaft der Staaten, die von ihnen eingegangenen Menschenrechtsverpflichtungen zu erfüllen, und schmälert diese Verpflichtungen nicht[26]. Wenn die nationalen Gesetze oder ihre Durchsetzung lückenhaft sind, sollten die Unternehmen vertiefte Due-Diligence-Prüfungen durchführen, um das Risiko negativer Auswirkungen auf die Menschenrechte zu identifizieren und zu mindern.

Der Interdependenz aller Menschenrechte, darunter wirtschaftliche, soziale, kulturelle, staatsbürgerliche und politische Rechte, muss Rechnung getragen werden. Die Unternehmen sollten ihre Verantwortlichkeiten im Hinblick auf die Menschenrechte regelmäßig prüfen, um sich in qualitativer Hinsicht zu vergewissern, ob sie die Menschenrechte achten, einschließlich derer, die in diesem Leitfaden nicht konkret behandelt werden.

Risikominderungsmaßnahmen

- **Rechteinhaber identifizieren**, die von der Geschäftstätigkeit des Unternehmens und seiner Geschäftspartner potenziell betroffen sind. Dies erfordert in der Regel die Durchführung einer eingehenden Überprüfung der tatsächlichen bzw. potenziellen Aktivitäten und Beziehungen des Unternehmens und anschließend die qualitative Bewertung dieser Aktivitäten anhand von Menschenrechtsstandards, um die Akteure zu identifizieren, deren Rechte beeinträchtigt werden könnten. Proaktive

Konsultationen mit den betroffenen Akteuren sind notwendig, um die potenziell negativen Auswirkungen der Aktivitäten und Beziehungen des Unternehmens vollständig zu erfassen[27].

- **Der menschenrechtlichen Sorgfaltspflicht (Due Diligence) nachkommen**, indem die tatsächlichen und potenziellen Auswirkungen auf die Menschenrechte ermittelt werden[28], die sich daraus ergebenden Erkenntnisse berücksichtigt und entsprechende Maßnahmen ergriffen werden, den Reaktionen nachgegangen und mitgeteilt wird, wie diesen Auswirkungen begegnet wird. Angesichts der Tatsache, dass sich die Menschenrechtsrisiken im Zeitverlauf insofern verändern können, als sich die Geschäftstätigkeit und das operative Umfeld weiterentwickeln, handelt es sich bei der menschenrechtlichen Sorgfaltspflicht (Due Diligence) um eine kontinuierliche Aufgabe[29].
- Sicherstellen, dass **alle betroffenen Akteure fair behandelt werden**, vor allem Gruppen in gefährdeten Situationen wie Frauen, Jugendliche und Minderheiten, indem ihre jeweiligen Umstände, Sachzwänge und Bedürfnisse berücksichtigt werden[30].
- Die wichtige Rolle anerkennen, die Frauen in der Landwirtschaft spielen, und angemessene Maßnahmen ergreifen, um die **Diskriminierung von Frauen zu beseitigen** und dazu beizutragen, ihre volle berufliche Entwicklung und ihr Fortkommen zu gewährleisten[31], indem u.a. ihr gleichberechtigter Zugang zu natürlichen Ressourcen, Vorleistungen, Produktionswerkzeugen, Beratungs- und Finanzdienstleistungen, Aus- und Weiterbildung, Märkten und Informationen sowie ihre gleichberechtigte Kontrolle darüber gefördert wird[32].

3. Arbeitsrechte

Risiken

Unternehmen können den Standortländern und den dort lebenden Gesellschaften erhebliche Vorteile bringen, indem sie durch die Verbesserung des Lebensstandards und die Schaffung attraktiver Beschäftigungsmöglichkeiten zum wirtschaftlichen und gesellschaftlichen Wohlergehen beitragen und die Einhaltung der Menschen- und Arbeitsrechte erleichtern. Neben der Gewährleistung der Kernarbeitsnormen für die bei ihnen beschäftigten Arbeitskräfte, können sie auch dazu beitragen, die Arbeitsbedingungen von informell Beschäftigten zu verbessern, einschließlich in landwirtschaftlichen Subsistenzbetrieben.

Die Vertragsstaaten des Internationalen Pakts über wirtschaftliche, soziale und kulturelle Rechte (IPWSKR) erkennen das Recht auf gerechte und günstige Arbeitsbedingungen (Artikel 7) und das Recht auf Bildung von Gewerkschaften an (Artikel 8). Der Internationale Pakt über bürgerliche und politische Rechte (ICCPR) schützt ebenfalls das Recht, Gewerkschaften zu bilden und ihnen beizutreten. Darüber hinaus beziehen sich Internationale Arbeitsübereinkommen[33] auf arbeitsbezogene Rechte[34]. Wenngleich sich die Menschenrechtsverträge wie der IPWSKR und der ICCPR an die Staaten richten, können auch die Unternehmen negative Auswirkungen auf die Verwirklichung der darin enthaltenen Rechte haben. Daher kommt ihnen bei der Unterstützung der schrittweisen Verwirklichung dieser Rechte eine wichtige Rolle zu. Die Einhaltung der in diesen Übereinkommen aufgeführten Arbeitsrechte, einschließlich der acht grundlegenden ILO-Übereinkommen, kann den Unternehmen dabei helfen, die negativen Auswirkungen zu minimieren und die positiven Auswirkungen zu maximieren. So ermöglicht beispielsweise die Aufnahme eines echten Dialogs mit frei gewählten Arbeitnehmervertretern sowohl Arbeitnehmern als auch Arbeitgebern ein besseres Verständnis für die Probleme des jeweils anderen und erleichtert die Suche nach Lösungen (ILO, 2006).

Die Einhaltung der Arbeitsrechte im Agrarsektor kann jedoch eine Herausforderung darstellen, da sowohl selbstständige als auch abhängige Beschäftigung häufig informell bleibt und viele landwirtschaftliche Arbeitskräfte vom Geltungsbereich des Arbeitsrechts ausgeschlossen sind (VN, 2009). 60% der Kinderarbeiter im Alter von 5-17 Jahren arbeiten in der Landwirtschaft (ILO, 2011a). Die Arbeits- und Lebensbedingungen von Plantagenarbeitern geben seit langem Anlass zur Sorge, vor allem die obligatorischen Schwangerschaftstests, die Schuldknechtschaft und die mit der häufig unsachgemäßen Anwendung von Pestiziden verbundenen Gesundheitsrisiken (VN, 2009).

Marginalisierte Gruppen, wie Frauen, Jugendliche, indigene und Wanderarbeitnehmer, ebenso wie Gelegenheitsarbeiter, Stückarbeiter, Saisonarbeitskräfte und informell Beschäftigte sehen sich häufig missbräuchlichen oder ungesunden Arbeitsbedingungen gegenüber (VN, 2009). Die Situation der Frauen ist mit spezifischen Risiken verbunden: In den Entwicklungsländern besteht die landwirtschaftliche Erwerbsbevölkerung zu 43% aus Frauen, in der Agroindustrie werden Frauentätigkeiten aber weitgehend als unqualifiziert betrachtet. Frauen werden für arbeitsintensive Aufgaben beschäftigt und verdienen weniger als Männer, wobei ihre Aufstiegsmöglichkeiten geringer sind (ILO, 2011b).

Verletzungen der Kernarbeitsrechte können destabilisierende soziale Spannungen begünstigen, die sich auf die Unternehmensergebnisse auswirken können. Ein Unternehmen, das diskriminierende Beschäftigungs- und Berufspraktiken anwendet, begrenzt seinen Zugang zu Talenten aus einem weiter gefassten Kompetenzpool. Das durch Diskriminierung verursachte Gefühl der Ungerechtigkeit und des Unmuts kann die Leistung der Arbeitskräfte beeinträchtigen (ILO, 2008).

Risikominderungsmaßnahmen[35]

Schutz der Beschäftigten

- Sich im Rahmen der Aktivitäten **vom Grundsatz der Chancengleichheit und Gleichbehandlung in der Beschäftigung leiten lassen** und gegenüber den Arbeitskräften in Bezug auf Beschäftigung oder Beruf jegliche Diskriminierung aus Gründen der Rasse, Hautfarbe, sexuellen Orientierung oder Geschlechtsidentität, Religion, politischen Anschauung, Abstammung oder sozialen Herkunft oder eines anderen Status unterlassen, sofern die Politik des betreffenden Staats nicht ausdrücklich eine Auswahl der Arbeitskräfte nach bestimmten Kriterien vorsieht mit dem Ziel, eine größere Gleichheit der Beschäftigungschancen zu erreichen, oder die Auswahl mit inhärenten Arbeitsplatzanforderungen zusammenhängt. Qualifikationen, Kompetenzen und Erfahrung für Anwerbung, Einstellung, Ausbildung und beruflichen Aufstieg von Mitarbeitern auf allen Ebenen zur Grundlage machen[36].
- **Mindestalter** für die Zulassung zur Beschäftigung einhalten oder danach streben, die effektive Abschaffung der Kinderarbeit sicherzustellen[37].
- Davon absehen, **Zwangs- oder Pflichtarbeit** zu nutzen oder davon zu profitieren, worunter jede Art von Arbeit oder Dienstleistung zu verstehen ist, die nicht freiwillig geleistet bzw. erbracht wird, sondern von einer Person unter Androhung von Gewalt oder Strafe verlangt wird.
- Die primäre Lieferkette laufend **beobachten**, um signifikante Änderungen oder neue Risiken oder Vorkommnisse von Kinder- und/oder Zwangsarbeit zu identifizieren, und mit primären Zulieferern zusammenarbeiten, um Korrekturmaßnahmen zu ergreifen und Abhilfe zu schaffen[38].

Angemessene Arbeitsbedingungen

- In Bezug auf **Beschäftigungsbedingungen** und Arbeitgeber-Arbeitnehmer-Beziehungen nicht weniger günstige Standards beachten, als sie von vergleichbaren Arbeitgebern angewendet werden. Wenn vergleichbare Arbeitgeber in dem Land, in dem das Unternehmen tätig ist, möglicherweise nicht existieren, im Einklang mit dem staatlichen Politikrahmen die bestmöglichen Löhne, Leistungen und Arbeitsbedingungen bieten. Diese sollten zumindest hinreichend sein, um den Grundbedürfnissen der Arbeitnehmer und ihrer Familien gerecht zu werden[39].
- Bemüht sein, den Arbeitnehmern eine **stabile Beschäftigung** zu bieten, und frei ausgehandelte Verpflichtungen betreffend die Stabilität der Beschäftigung und die soziale Sicherheit einhalten[40].
- Bei der Planung von Veränderungen der Geschäftstätigkeit, die mit erheblichen Beschäftigungseffekten verbunden wären, die Arbeitnehmervertreter sowie gegebenenfalls auch die zuständigen **Behörden rechtzeitig von derartigen Veränderungen in Kenntnis setzen** und mit ihnen zusammenarbeiten, um nachteilige Auswirkungen soweit wie irgend durchführbar abzumildern[41].

Arbeitnehmervertretung und Kollektivverhandlungen

- Die Bedeutung anerkennen, die einem **Klima des gegenseitigen Verständnisses und Vertrauens** im Betrieb zukommt, das den Bestrebungen der Arbeitnehmer förderlich ist[42].
- Anerkennen, dass die Arbeitnehmer ohne jeden Unterschied das Recht haben, ohne vorherige Genehmigung **Organisationen** nach eigener Wahl **zu bilden** und solchen Organisationen **beizutreten**.
- Systeme für regelmäßige **Beratungen und Zusammenarbeit** zwischen Arbeitgebern, Arbeitnehmern und deren jeweiligen Vertretern in Angelegenheiten gemeinsamen Interesses einrichten, ebenso wie mit den zuständigen Behörden, um die Einhaltung nationaler Politikmaßnahmen im Bereich der sozialen Entwicklung sicherzustellen.
- Systeme verankern, die den Arbeitnehmern und ihren Vertretern regelmäßig **Informationen** liefern, um konstruktive Verhandlungen über die Beschäftigungsbedingungen zu stützen und es ihnen zu ermöglichen, sich ein den tatsächlichen Verhältnissen entsprechendes Bild von der Lage des Unternehmens zu machen[43].
- Von **diskriminierenden oder disziplinarischen Maßnahmen** gegenüber Arbeitnehmern absehen, die dem Management oder gegebenenfalls den zuständigen Behörden in gutem Glauben Praktiken melden, die gegen das geltende Recht, die OECD-Leitsätze oder die Unternehmenspolitik verstoßen.
- Nicht mit der vollständigen oder teilweisen **Verlagerung** einer Betriebseinheit aus dem betreffenden Land in ein anderes Land drohen oder Arbeitnehmer aus Unternehmensteilen im Ausland umsetzen, um hierdurch die Verhandlungen mit den Arbeitnehmervertretern auf unbillige Weise zu beeinflussen oder die Ausübung des Vereinigungsrechtes der Arbeitnehmer zu behindern.
- Keine Vergeltungsmaßnahmen gegenüber den **Arbeitnehmervertretern** ergreifen, sich nicht in ihre Tätigkeit einmischen und jegliche Diskriminierung unterlassen[44].
- Die bevollmächtigten Arbeitnehmervertreter in den Stand setzen, über Fragen der **Tarifverträge oder der Arbeitgeber-Arbeitnehmer-Beziehungen** zu verhandeln.

- In Tarifverträge Bestimmungen zur **Beilegung von Streitigkeiten**, die mit ihrer Auslegung und Anwendung verbunden sind, sowie zur Gewährleistung der gegenseitigen Einhaltung von Rechten und Pflichten aufnehmen[45].

Beschäftigung vor Ort

- Soweit irgend möglich und ohne Diskriminierung **einheimische Arbeitskräfte** beschäftigen, u.a. auch in Führungspositionen, und für Fortbildungsmaßnahmen zur Anhebung des Qualifikationsniveaus sorgen, und zwar in Zusammenarbeit mit den Arbeitnehmervertretern und gegebenenfalls den zuständigen Behörden[46].

Ausbildung

- Sicherstellen, dass allen Arbeitnehmern auf allen Stufen eine **einschlägige Ausbildung** geboten wird, die den Erfordernissen der Geschäftstätigkeit entspricht, gegebenenfalls in Zusammenarbeit mit den zuständigen Behörden und den Arbeitgeber- und Arbeitnehmerverbänden. Durch diese Ausbildung sollten, soweit wie möglich, allgemein verwendbare Fertigkeiten entwickelt und berufliche Aufstiegsmöglichkeiten gefördert werden.
- Bei Geschäftstätigkeit in Entwicklungsländern sich an Programmen beteiligen, die von den Regierungen des Gastlandes gefördert und von den Verbänden der Arbeitgeber und der Arbeitnehmer unterstützt werden und deren Ziel darin besteht, die **Ausbildung** und Entwicklung **von Fertigkeiten** zu fördern und Berufsberatung zu bieten[47].
- Geeignete Ausbildungs-, Bildungs- und Mentorenprogramme für **Jugendliche** anbieten, um ihre Kapazitäten und/oder ihren Zugang zu angemessenen Beschäftigungsmöglichkeiten bzw. Möglichkeiten zur Gründung von Unternehmen zu verbessern, und den Zugang von Frauen zu Ausbildung fördern[48].
- Soweit durchführbar, als Beitrag zur nationalen Entwicklung **geschultes Personal** zur Unterstützung der von den Regierungen organisierten Ausbildungsprogramme **zur Verfügung stellen**[49].

4. Gesundheit und Sicherheit

Risiken

Landwirtschaftliche Aktivitäten sind häufig mit Aufgaben verbunden, die zu den für die Arbeitskräfte gefährlichsten Tätigkeiten zählen, und viele landwirtschaftliche Arbeitskräfte haben Arbeitsunfälle und leiden unter Berufskrankheiten. Schlechtwetter, enger Kontakt mit gefährlichen Tieren oder Pflanzen, intensive Nutzung von chemischen Produkten, beschwerliche Körperhaltungen und lange Arbeitszeiten sowie der Einsatz von gefährlichen Geräten und Maschinen führen zu Gesundheitsproblemen (IFPRI, 2006). Schätzungen zufolge liegt z.B. die Zahl der Pestizidvergiftungen zwischen 2 und 5 Millionen pro Jahr, wovon 40 000 tödlich verlaufen (ILO, 2005 und 2011b). Landnutzungsänderungen, das Schwinden natürlicher Pufferzonen wie Feuchtgebiete, Mangroven und Hochlandwälder, die die Effekte von Naturgefahren (Überschwemmungen, Erdrutsche und Waldbrände) abschwächen, oder die Verknappung bzw. Degradierung der natürlichen Ressourcen, darunter die sinkende Qualität, Quantität und Verfügbarkeit von Süßwasser, können zu einer erhöhten Gefährdung der betroffenen Gemeinden führen und Folgen für ihre Sicherheit haben (IFC, 2012).

Die menschliche Gesundheit kann durch eine hohe Konzentration biologischer, chemischer oder physikalischer Gefahren in Nahrungsmitteln beeinträchtigt werden.

Diese Gefahren gehen von der Umwelt (z.B. toxischen Metallen, Dioxinen und natürlich vorkommenden Giftstoffen), den landwirtschaftlichen Praktiken (z.B. Rückständen von Tierarzneimitteln und Pestiziden) oder der unsachgemäßen Produkthandhabung (z.B. pathogenen Schimmelpilzen) aus. Zu den physikalischen Gefahren gehören Schmutz, Schädlinge, Haare oder Plastik. Systeme für das Management der Lebensmittelsicherheit, insbesondere umfassende Kontrollsysteme, die vom landwirtschaftlichen Betrieb bis zum Konsumenten reichen und auf Biosicherheitsmaßnahmen und der Nutzung von sauberem Trinkwasser basieren, können solche Gefahren verhindern.

Die menschliche Gesundheit ist auch eng mit der Tiergesundheit verbunden. Der „One Health"-Ansatz beruht auf der Wahrnehmung der großen Chancen, die existieren, um die öffentliche Gesundheit durch Maßnahmen zu schützen, die auf Prävention und Kontrolle von Infektionserregern auf der Ebene der Tierpopulationen an der Schnittstelle zwischen Mensch, Tier und Umwelt ausgerichtet sind. Dieser Ansatz, der von mehreren Staaten gebilligt wurde, hat zu Maßnahmen geführt, die auf die Vorbeugung von Krankheiten abzielen, die sowohl bei Menschen als auch Tieren auftreten können, sowie auf die Gewährleistung eines verantwortlichen Einsatzes von Antibiotika bei Mensch und Tier[50]. 60% der Erreger, die Infektionskrankheiten bei Menschen verursachen, sind tierischer Herkunft. Diese Infektionskrankheiten, sogenannte Zoonosen, können von Haus- oder Wildtieren übertragen werden. Auf Menschen übertragbare Tierkrankheiten stellen weltweit eine Bedrohung für die öffentliche Gesundheit dar. Eine wirksame und wirtschaftliche Lösung für den Gesundheitsschutz der Menschen ist die Bekämpfung aller zoonotischer Infektionserreger, indem sie an der Quelle, d.h. bei den Tieren, kontrolliert werden.

Der IPWSKR sieht eine schrittweise Verwirklichung des Rechtes eines jeden auf das für ihn erreichbare Höchstmaß an körperlicher und geistiger Gesundheit vor (Artikel 12). Laut der Interpretation des Ausschusses für wirtschaftliche, soziale und kulturelle Rechte[51] ist dieses Recht „ein inklusives Recht, das sich nicht nur auf den rechtzeitigen Zugang zu angemessenen Gesundheitsleistungen, sondern auch auf die zugrunde liegenden Bestimmungsfaktoren des Gesundheitszustands erstreckt, wie den Zugang zu sauberem Trinkwasser und sanitären Einrichtungen, ein angemessenes Angebot an sicheren Nahrungsmitteln, Ernährung und Wohnraum, gesunde Arbeits- und Umweltbedingungen sowie den Zugang zu Gesundheitsbildung und Gesundheitsinformationen". Demnach legt „das Recht auf Gesundheit, wie jedes andere Menschenrecht, [...] den Vertragsstaaten drei Arten beziehungsweise Ebenen von Pflichten auf, eine Achtungspflicht, eine Schutzpflicht und eine Gewährleistungspflicht". Die Gewährleistungspflicht umfasst wiederum sowohl eine Bereitstellungspflicht als auch eine Förderungspflicht[52].

Wenngleich sich die Menschenrechtsverträge wie der IPWSKR an die Staaten richten, können auch die Unternehmen negative Auswirkungen auf die schrittweise Verwirklichung des Rechtes eines jeden auf das für ihn erreichbare Höchstmaß an körperlicher und geistiger Gesundheit haben oder den von den Vertragsstaaten ergriffenen Maßnahmen zu seiner schrittweisen Verwirklichung entgegenwirken. Daher kommt ihnen bei der Unterstützung der schrittweisen Verwirklichung dieses Rechts eine wichtige Rolle zu. Zusätzlich zu den vorstehend erörterten direkten Gesundheitsrisiken können die landwirtschaftlichen Betriebe und die Ernährungssysteme die Gesundheit des Einzelnen auf indirektere Weise beeinträchtigen.

Risikominderungsmaßnahmen[53]

- Die **Risiken und Auswirkungen** auf die Gesundheit und Sicherheit der betroffenen Gemeinden während der gesamten Geschäftstätigkeit evaluieren.

- **Präventiv- und Kontrollmaßnahmen** ergreifen, die mit den guten internationalen Praktiken in der Industrie im Einklang stehen[54] und entsprechend der Art und dem Ausmaß der identifizierten Risiken und Auswirkungen angemessen sind, wobei es diese Risiken und Auswirkungen zu vermeiden und, sollte dies nicht gelingen, zu mindern gilt.
- Die Gefährdung der Arbeitnehmer, Dritter und der Gemeinde durch **gefährliche Materialen und Stoffe**, die bei der Geschäftstätigkeit freigesetzt werden können, vermeiden bzw. minimieren, u.a. indem der Zustand oder das Material, der bzw. das die potenzielle Gefährdung verursacht, verändert, ersetzt oder beseitigt wird, oder indem angemessene Anstrengungen unternommen werden, um die Sicherheit der Lieferungen, des Transports sowie der Entsorgung von gefährlichen Materialien und Abfällen zu kontrollieren.
- Das Potenzial der Gefährdung für die Gemeinden durch wasserübertragene, wasserbasierte, wasserbezogene und vektorübertragene **Infektionskrankheiten**, die auf Grund der Geschäftstätigkeit auftreten könnten, verhindern oder auf ein Mindestmaß reduzieren, unter Berücksichtigung der Tatsache, dass gefährdete Gruppen höheren Risiken ausgesetzt und für solche Krankheiten anfälliger sind.
- Die betroffenen Gemeinden, die nachgeordneten Gebietskörperschaften und sonstige betroffenen Parteien unterstützen und mit ihnen zusammenarbeiten, wenn sie sich auf ein wirkungsvolles Vorgehen in **Krisenfällen** vorbereiten, insbesondere wenn ihre Beteiligung und Mitarbeit erforderlich sind, um eine wirksame Reaktion zu gewährleisten[55].
- Die Einhaltung globaler **Lebensmittelsicherheitsstandards**, wie des Codex Alimentarius[56], sowie globaler Tiergesundheitsstandards, wie der OIE-Standards[57], in Erwägung ziehen.
- Rückverfolgbarkeit fördern, um Lebensmittelsicherheit zu gewährleisten, aber auch um das Sozial- und Umweltmanagement zu erleichtern und das Vertrauen zu erhöhen[58].

5. Ernährungssicherheit und Ernährung

Risiken

Dem Internationalen Pakt über wirtschaftliche, soziale und kulturelle Rechte (IPWSKR) (Artikel 11) zufolge ist ausreichende Ernährung ein Teil des Rechts auf einen angemessenen Lebensstandard[59]. Die Vertragsstaaten des IPWSKR verpflichten sich dazu, Schritte zu unternehmen, um das Recht auf einen angemessenen Lebensstandard nach und nach zu verwirklichen, darunter das Recht auf ausreichende Ernährung. Der IPWSKR erkennt darüber hinaus das grundlegende Recht eines jeden an, vor Hunger geschützt zu sein. In Anerkennung dieses Rechts sollten die Vertragsstaaten in Erwägung ziehen, Maßnahmen zur Verbesserung der Methoden der Erzeugung, Haltbarmachung und Verteilung von Nahrungsmitteln durchzuführen und die Probleme der Nahrungsmittel einführenden und ausführenden Länder zu berücksichtigen. Laut der Interpretation des Ausschusses für wirtschaftliche, soziale und kulturelle Rechte sind diese Rechte dann verwirklicht, „wenn jeder Mann, jede Frau und jedes Kind, einzeln oder gemeinsam mit anderen, jederzeit physisch und wirtschaftlich Zugang zu angemessener Nahrung oder Mitteln zu ihrer Beschaffung hat“. Demnach legt „das Recht auf angemessene Nahrung, wie jedes andere Menschenrecht, [...] den Vertragsstaaten drei Arten beziehungsweise Ebenen von Pflichten auf, eine Achtungspflicht, eine Schutzpflicht und eine Gewährleistungspflicht“, und die „Schutzpflicht erfordert Maßnahmen des Staates, durch die sichergestellt wird, dass Unternehmen oder Einzelpersonen Menschen nicht den Zugang zu angemessener Nahrung vorenthalten“[60].

Die Freiwilligen Leitlinien der FAO zur Unterstützung der schrittweisen Verwirklichung des Rechtes auf angemessene Nahrung im Rahmen der nationalen Ernährungssicherheit bieten den Regierungen Orientierungen für die Verwirklichung des Rechts auf angemessene Nahrung, wozu zählen könnte, die Verfügbarkeit von Nahrungsmitteln in ausreichender Menge und Qualität zu fördern, um die individuellen Ernährungsbedürfnisse zu befriedigen, ebenso wie den physischen und wirtschaftlichen Zugang zu angemessenen Nahrungsmitteln, die keine schädlichen Stoffe enthalten und die innerhalb einer bestimmten Kultur akzeptabel sind, oder zu Mitteln zu ihrer Beschaffung. Die Leitlinien ermutigen die Staaten dazu, Maßnahmen zu ergreifen, um sicherzustellen, dass alle Nahrungsmittel, unabhängig davon, ob sie vor Ort produziert oder eingeführt werden, frei verfügbar sind oder auf Märkten verkauft werden, gesundheitlich unbedenklich sind und mit den nationalen Lebensmittelsicherheitsstandards im Einklang stehen. Sie regen darüber hinaus an, dass die Staaten umfassende und vernünftige Lebensmittelkontrollsysteme errichten, die das Risiko lebensmittelbedingter Erkrankungen anhand von Risikoanalyse- und Überwachungsmechanismen verringern, um die Lebensmittelsicherheit in der gesamten Nahrungsmittelkette, einschließlich der Futtermittel, zu gewährleisten.

Die Freiwilligen Leitlinien der FAO sind zwar an Staaten gerichtet, Unternehmen kommt jedoch ebenfalls eine wichtige Rolle zu. Die landwirtschaftlichen Investitionen sind nach den starken Preissteigerungen bei Nahrungsmitteln im Jahr 2008 gestiegen, insbesondere in Reaktion auf die wachsende Nachfrage nach Lebensmitteln – es wird geschätzt, dass die weltweite Nahrungsmittelproduktion bis 2050 um 60% steigen muss, um der projizierten Nachfrage gerecht zu werden. Solche Investitionen eröffnen zwar die Aussicht auf eine Steigerung der Produktion, die Verringerung der Armut und die Förderung der wirtschaftlichen Entwicklung, sie können jedoch auch den Zugang zu Lebensmitteln auf verschiedene Art und Weise beeinträchtigen. Eine der offenkundigsten negativen Folgen kann daraus resultieren, dass große Gebiete aufgekauft werden und im Zuge dessen Bevölkerungsgruppen aus diesen vertrieben bzw. am Zugang zu diesen gehindert werden (FAO, 2010).

Risikominderungsmaßnahmen

- Im Rahmen des Möglichen **die Auswirkungen der Geschäftstätigkeit** auf die Verfügbarkeit von und den Zugang zu Lebensmitteln, die Beschäftigung vor Ort, die Ernährungsgewohnheiten und die Stabilität der Nahrungsmittelversorgung berücksichtigen, u.a. durch Einbeziehung der nachgeordneten Gebietskörperschaften und anderer relevanter Akteure.
- Gegebenenfalls **ernährungsbedingte Bedenken** der verschiedenen Akteure durch Konsultationen mit diesen Akteuren identifizieren und Strategien evaluieren, um die Investitionsziele zu erreichen und zugleich den ernährungsbedingten Bedenken der verschiedenen Beteiligten Rechnung zu tragen.
- Soweit möglich **Projektkonzepte anpassen**, um Bedenken hinsichtlich negativer Auswirkungen auf die Ernährungssicherheit und die Ernährung zu begegnen, beispielsweise durch Erwägung alternativer Investitionsmöglichkeiten, wenn die vorgeschlagenen Investitionen zur physischen und/oder wirtschaftlichen Vertreibung der Bevölkerungsgruppen vor Ort führen; durch die Folgenutzung geschädigter

Agrarflächen oder die Auswahl von Flächen, die zuvor nicht für landwirtschaftliche Zwecke genutzt wurden, jedoch nicht ökologisch sensibel sind, oder die Verbesserung der landwirtschaftlichen Produktivität durch nachhaltige Intensivierung, um zur Ernährungssicherheit und zur Ernährung beizutragen.

- Nach Möglichkeit **erwägen, einen Beitrag zu leisten**, um den Zugang lokaler Bevölkerungsgruppen zu Lebensmitteln sowie ihre Resilienz und Ernährung zu verbessern[61] durch eine Steigerung der Erzeugung gesundheitlich unbedenklicher, nahrhafter und vielfältiger Lebensmittel und Erhöhung des Nährwerts von Lebensmitteln und Agrarerzeugnissen, die Erleichterung des Zugangs zu Vorleistungen, Technologie und Märkten, die Schaffung von Arbeitsplätzen in nachgelagerten Tätigkeitsfeldern oder die Errichtung gemeinsamer Speicherkapazitäten, um die Nacherntеverluste und die Preisvolatilität zu verringern[62].

6. Eigentums-, Besitz- und Nutzungsrechte an und Zugang zu natürlichen Ressourcen

Risiken

Mit den Landrechten zusammenhängende Risiken, die auftreten, wenn sich mehrere Landbesitz- bzw. -nutzungsansprüche überschneiden, stellen ein statistisch signifikantes Risiko im Zusammenhang mit Konzessionsinvestitionen in den aufstrebenden Volkswirtschaften dar (Munden Project, 2013). Tatsächlich wurden die Landrechte im Rahmen einer von Weltbank und UNCTAD durchgeführten Analyse von 39 Großinvestitionen der Agrarindustrie als häufigste Ursache von Beschwerden seitens der betroffenen Bevölkerungsgruppen identifiziert, insbesondere auf Grund von Streitigkeiten über Land, für das Bevölkerungsgruppen informelle Landnutzungsrechte besaßen, sowie auf Grund mangelnder Transparenz, insbesondere bezüglich der Konditionen und Verfahrensweisen für den Landerwerb (Weltbank, 2014). 2013 bezog sich die Hälfte der bei der Ombudsstelle von IFC und MIGA (Compliance Advisor Ombudsman – CAO)[63] eingegangenen Beschwerdebriefe auf Landfragen. Zudem ging es in nahezu einem Viertel der seit dem Jahr 2000 von der CAO behandelten Fälle sowohl um Land- als auch um Wasserfragen. Der zunehmende Druck auf diese Ressourcen führt zu Bedenken in Bezug auf Zugang, Menge und Bewirtschaftung, und sowohl Land als auch Wasser sind oftmals eng mit Kultur- und Identitätsfragen verwoben. Bei den bei der CAO eingegangenen landbezogenen Beschwerden von Einzelpersonen dominierten die Bereiche Landerwerb (22%), Entschädigung (33%) und Umsiedlung (32%) (CAO, 2013).

Die Nahrungsmittel- und Getränkeindustrie steht hinter der Rohstoffwirtschaft an zweiter Stelle, was Anschuldigungen von Organisationen der Zivilgesellschaft betrifft, dass Rechte im Zusammenhang mit dem Zugang zu Land und Wasser nicht angemessen berücksichtigt werden (Europäische Kommission, 2011)[64]. Land sollte nicht ausschließlich als Produktionsmittel betrachtet werden. Seine ökologische und soziokulturelle Bedeutung sollte ebenfalls anerkannt werden; Land kann eine Quelle verschiedener Ökosystemleistungen darstellen, beispielsweise was Trink- und Bewässerungswasser betrifft, sowie ein Sicherheitsnetz und eine Altersversicherung für Landwirte. Land kann zudem eine große Bedeutung im Zusammenhang mit den sozialen, kulturellen oder religiösen Praktiken indigener Bevölkerungsgruppen und lokaler Gemeinschaften haben.

Auch wenn die Hauptverantwortung für den Schutz der Landnutzungsrechte den Staaten obliegt, sollten Unternehmen davon ausgehen, dass der Rechtsrahmen möglicherweise nicht immer angemessen ist. Tatsächlich sind schätzungsweise 70% der Grundstücke in den Entwicklungsländern nicht amtlich registriert (UN HABITAT, 2015; McDermott et al., 2015). Daher sollten Unternehmen proaktiv sicherstellen, dass sie die legitimen Landrechte respektieren. Insbesondere sollten die folgenden Risiken berücksichtigt werden:

- Risiken entstehen, wenn die nationalen Rechtsvorschriften den legitimen Landrechten nicht vollumfänglich Rechnung tragen oder wenn solche Rechtsvorschriften nicht effektiv umgesetzt werden. So sind die nationalen Systeme für die Verbriefung von Eigentumsrechten und die Registrierung möglicherweise unzureichend, so dass sie die Landrechte der Landnutzer, insbesondere von Frauen, nicht schützen und den Unternehmen keine vollständigen Informationen über die einschlägigen Landansprüche zur Verfügung stellen. Landrechte können noch an Komplexität gewinnen, wenn das Land nur saisonal genutzt wird und möglicherweise ungenutzt erscheint, beispielsweise wenn es von Binnenvertriebenen verlassen wurde oder wenn es für Beweidungszwecke, den Anbau von Futterpflanzen oder den Wanderfeldbau genutzt wird. Die Unternehmen schließen dann bestimmte Rechteinhaber (gesetzliche oder gewohnheitsrechtliche, vorrangige oder nachrangige, formelle oder informelle Gruppen oder Einzelpersonen) von den Konsultationen aus, die durch ihre Geschäftstätigkeit möglicherweise beeinträchtigt werden (OECD, 2011).
- Die Risiken könnten steigen, wenn die Staaten keine klaren und transparenten Regeln für die Konsultationen zwischen den Unternehmen und den betroffenen Akteuren vorgeben oder Schutzmechanismen bieten, um die bestehenden Landrechte vor Risiken zu schützen, die durch umfangreiche Transaktionen mit Landrechten entstehen können. Insbesondere könnten Unternehmen Risiken eingehen, wenn die nationalen Rechtsvorschriften nicht oder nicht ausreichend umgesetzt werden, um *a)* eine angemessene Bereitschaft sicherzustellen, nach dem Grundsatz von Treu und Glauben zu handeln und auf kulturell angemessene Art und Weise mit den Inhabern von Landrechten umzugehen, und *b)* die Modalitäten zu ermitteln, nach denen Grundbesitz und andere natürliche Ressourcen übertragen und genutzt werden, einschließlich der Nutzung unabhängiger und partizipativer Ex-ante- und Ex-post-Folgenabschätzungen, und/oder die Modalitäten für das Einlegen von Rechtsmitteln zu identifizieren (VN, 2009). Mangelnde Inklusivität bei Konsultationen zu Grunderwerb kann zu Spannungen und möglicherweise Konflikten zwischen Unternehmen und Bevölkerungsgruppen führen, die sich von dem Prozess ausgeschlossen fühlen und die Rechte der Unternehmen anfechten könnten (FAO, 2013).
- Die Hauptverantwortung für die Leistung einer unverzüglichen, angemessenen und effektiven Entschädigung an die früheren legitimen Inhaber von Landrechten obliegt im Falle von Enteignungen zwar den Staaten, die Unternehmen sind jedoch dafür verantwortlich, sicherzustellen, dass ihre Geschäftstätigkeit nicht ohne tiefgreifende Konsultationen zur Umsiedlung lokaler Bevölkerungsgruppen oder zu ihrer Zwangsvertreibung ohne angemessene Entschädigung führt. Den VGGT zufolge sollten Staaten Enteignungen nur dann vornehmen, wenn die Landrechte im öffentlichen Interesse erworben werden, und den Begriff des öffentlichen Interesses in den Rechtsvorschriften klar definieren, um eine gerichtliche Überprüfung zu ermöglichen. In zahlreichen Entwicklungsländern führen die unklare und/oder breit gefasste Definition des öffentlichen Interesses, das Nichtvorliegen von Flächennutzungsplänen, ein hohes Korruptionsniveau im Landmanagement und Bodenspekulation jedoch zu unrechtmäßigen Enteignungen. Solche Enteignungen können zum Verlust der Lebensgrundlagen der lokalen Bevölkerungsgruppen oder zur Einschränkung des Zugangs zu Land und anderen wichtigen natürlichen Ressourcen und damit zu

Mangelernährung, sozialer Polarisierung, verfestigter Armut oder politischer Instabilität führen[65]. Daher könnten sie den Zugang zu angemessenen Lebensmitteln behindern. Derartige Enteignungen könnten zudem die in der Erklärung der Vereinten Nationen über die Rechte indigener Völker dargelegten Rechte indigener Bevölkerungsgruppen verletzen. Unternehmen könnten negative Auswirkungen auf ihre Reputation und ihre Geschäftstätigkeit zu spüren bekommen, wenn sie mit einer Enteignung in Verbindung stehen, hinsichtlich derer die Regierung keine angemessenen Konsultationen mit den lokalen Bevölkerungsgruppen durchgeführt bzw. nicht die freiwillige und in Kenntnis der Sachlage erteilte vorherige Zustimmung der indigenen Bevölkerungsgruppen erhalten und keine angemessene Entschädigung geleistet hat. Dies dürfte zu Spannungen und Konflikten zwischen den Unternehmen und den Bevölkerungsgruppen führen, die sich ausgeschlossen oder unfair behandelt fühlen (FAO, 2013). In solchen Fällen sollten die Unternehmen Optionen zum Rückzug aus den geplanten Geschäftstätigkeiten in Erwägung ziehen.

Die Höhe des Landnutzungsrisikos hängt von der Art der Investitionen ab. Bei Neuinvestitionen (Greenfield-Investitionen) sollte eine sorgfältige Prüfung (Due Diligence) erfolgen, um sicherzustellen, dass keine Bevölkerungsgruppen im privaten Interesse und ohne faire und unverzügliche Entschädigung enteignet wurden. Im Fall von Investitionen in Industriebrachen (Brownfield-Investitionen), Joint Ventures und Fusionen und Übernahmen haben die Vorbetreiber möglicherweise Landrechte erhalten und könnte es zur Fortsetzung alter Landstreitigkeiten kommen. In der Folge sollte die Due-Diligence-Prüfung sicherstellen, dass die in diesen Leitlinien dargelegten Standards beim Erwerb solcher Rechte respektiert wurden, insbesondere da die VGGT erst 2012 gebilligt wurden. Investitionen in bereits bestehende Projekte bieten Unternehmen eine Gelegenheit, sicherzustellen, dass Landrechte rechtmäßig erworben wurden, und falls dies nicht der Fall gewesen ist, Möglichkeiten zu finden, um die betroffenen Akteure zu entschädigen und den Kontakt zu den lokalen Bevölkerungsgruppen wiederherzustellen, um neue Partnerschaftsmodelle zu prüfen.

Risikominderungsmaßnahmen

- **Die Rechteinhaber** – bei denen es sich nicht nur um die Inhaber amtlich anerkannter Landrechte handelt, sondern auch öffentlicher, privater, kommunaler, kollektiver, indigener und gewohnheitsrechtlicher Landrechte, die möglicherweise nicht amtlich registriert und verbrieft sind, z.B. Landrechte von Frauen – und andere relevante betroffene Akteure identifizieren, z.B. durch vor Ort abgehaltene und offene Konsultationen[66].
- **Einen Ausschuss einrichten**, in dem die relevanten betroffenen Akteure vertreten sind, um in Bezug auf Folgenabschätzungen, insbesondere die Anfangsphasen (Prüfung und Festlegung des Untersuchungsrahmens) sowie Bewirtschaftungs-, Monitoring- und Notfallpläne zu beraten. Besondere Aufmerksamkeit sollte darauf gerichtet werden, die angemessene Vertretung indigener Bevölkerungsgruppen, lokaler Gemeinden und marginalisierter Gruppen sicherzustellen[67].
- Alternative Investitionsmöglichkeiten in Erwägung ziehen, wenn die vorgeschlagenen Investitionen zur **physischen und/oder wirtschaftlichen Vertreibung** der lokalen Bevölkerung führen, was in Anerkennung der Tatsache erfolgen sollte, dass Staaten Enteignungen nur in Fällen durchführen sollten, wenn Rechte an Land, Fischgründen oder Wäldern im öffentlichen Interesse erforderlich sind, und dass sie den Begriff des öffentlichen Interesses in ihren Rechtsvorschriften klar definieren sollten[68].

- Wenn die Inhaber von Landrechten durch eine Geschäftstätigkeit beeinträchtigt werden, mit dem Staat zusammenarbeiten, um sicherzustellen, dass die Inhaber von Landrechten eine faire, unverzügliche und angemessene **Entschädigung** für die durch die Geschäftstätigkeit beeinträchtigten Landrechte erhalten durch:
  - Führung effektiver und zweckdienlicher Konsultationen nach Treu und Glauben über die angebotene Entschädigung und Gewährleistung einer einheitlichen und transparenten Anwendung der Entschädigungsstandards,
  - Bevorzugung einer Entschädigung in Form von Land entsprechender Qualität, Größe und entsprechenden Werts und andernfalls Leistung einer Entschädigung in Höhe der vollen Wiederbeschaffungskosten für verlorene Vermögenswerte - einschließlich von Vermögenswerten jenseits von Land (Kulturpflanzen, Wasserressourcen, Bewässerungsinfrastruktur und Bodenverbesserungen) - und andere Unterstützung, um ihnen bei der Verbesserung bzw. Wiederherstellung ihres Lebensstandards oder ihrer Lebensgrundlagen zu helfen,
  - Überwachung der Umsetzung der Entschädigungsvereinbarung[69].
- Wenn die Verwaltungskapazitäten begrenzt sind, bei der Planung, Umsetzung und beim Monitoring der Umsiedlung eine aktive Rolle spielen[70].

7. Tierschutz

Risiken

In den landwirtschaftlichen Lieferketten können erhebliche Risiken für den Tierschutz entstehen. Sie können mit räumlichen Einschränkungen in den einzelnen Ställen, die die Bewegungsmöglichkeiten der Tiere einengen, einer hohen Dichte des Viehbesatzes, die das Potenzial zur Übertragung von Krankheiten und zur gegenseitigen Zufügung von Verletzungen erhöht, kahlen/unveränderlichen Umgebungen, die zu Verhaltensstörungen führen, der Verfütterung von Futtermitteln, die den Hunger nicht stillen, abträglichen Tierzuchtverfahren, die Schmerzen verursachen, und der Züchtung von Produktionsmerkmalen, die zur Zunahme anatomischer oder stoffwechselbedingter Störungen führen, zusammenhängen. Unzureichende Inputs von kenntnisreichen und kompetenten Viehzüchtern können diese Risiken erhöhen (IFC, 2014).

Die Verbesserung des Tierschutzes kann wirtschaftlich sinnvoll sein. Krankheiten bieten ein gutes Beispiel für eine Bedrohung, die sowohl das Wohlergehen der Tiere als auch die geschäftliche Nachhaltigkeit betrifft. Die Weltorganisation für Tiergesundheit (OIE) schätzt, dass die Morbidität und die Mortalität auf Grund von Tierkrankheiten zum Verlust von mindestens 20% der weltweiten Nutztierproduktion führen – was mindestens 60 Mio. Tonnen Fleisch und 150 Mio. Tonnen Milch im Wert von rd. 300 Mrd. US-$ jährlich entspricht. Zudem hat der Wohlstand in vielen Teilen der Welt die Auswahlmöglichkeiten der Verbraucher erhöht, ebenso wie die Erwartungen an die Nahrungsmittelproduktionsstandards. Umfragen in Europa und Nordamerika zufolge erachtet die Mehrheit der Verbraucher den Tierschutz als wichtig und ist eigenen Angaben zufolge bereit, deutlich mehr für Tierprodukte zu bezahlen, die ihrer Wahrnehmung nach von Nutztieren aus artgerechter Tierhaltung stammen (IFC, 2014).

In internationalen Standards und Grundsätzen wird selten auf den Tierschutz Bezug genommen. Die umfassendsten Leitsätze wurden von der Weltorganisation für Tiergesundheit (OIE) entwickelt. 2008 verabschiedeten die OIE-Mitgliedstaaten eine Definition des Tierschutzes, um auf internationaler Ebene klarzustellen, was dieser konkret umfasst[71].

Der Tierschutz kann in landwirtschaftlichen Betrieben jeder Größe gefährdet sein, wenn die Bedingungen und/oder die Leitung unzureichend sind (RSPCA, 2014).

Die neun OIE-Standards behandeln konkrete Herausforderungen im Bereich des Tierschutzes, darunter die Beförderung und die Schlachtung der Tiere, die Vieh- und Geflügelzucht, die Kontrolle der Population streunender Hunde und die Verwendung von Tieren in der Forschung. Diese Standards beruhen auf wissenschaftlichen Erkenntnissen, und die grundlegenden Prinzipien der artgerechten Tierhaltung werden als „fünf Freiheiten" bezeichnet: Freiheit von Hunger, Durst und Fehlernährung; Freiheit von physischem und thermischem Unbehagen; Freiheit von Schmerzen, Verletzungen und Krankheiten; Freiheit von Angst und Leiden, sowie Freiheit zum Ausleben normaler Verhaltensmuster[72]. Das Ministerium für Umwelt, Ernährung und ländliche Angelegenheiten (DEFRA) im Vereinigten Königreich bietet durch die Festlegung dieser fünf Freiheiten ein Beispiel für eine empfehlenswerte Praxis. Wie im Vorwort zum Code of Recommendations for the Welfare of Livestock des DEFRA unterstrichen wird, sollten Unternehmen, die im Bereich der Tierproduktion tätig sind, folgende Eigenschaften aufweisen: fürsorgliche und verantwortungsvolle Planung und Betriebsleitung; kompetente, kenntnisreiche und gewissenhafte Tierhaltung; angemessene Umweltgestaltung; fürsorgliche Behandlung, Beförderung und humane Schlachtung der Tiere (DEFRA, 2003).

Zusätzlich zu den OIE-Standards hat die Europäische Union detaillierte Rechtsvorschriften im Bereich des Tierschutzes verabschiedet, und in Artikel 13 des Vertrags über die Arbeitsweise der Europäischen Union werden Tiere als „fühlende Wesen" anerkannt[73]. Die meisten EU-Tierschutzregeln gelten zwar nur für Erzeuger innerhalb der EU, Drittländer, die Fleisch in die EU ausführen möchten, müssen jedoch Standards verankern, die den zum Zeitpunkt der Schlachtung geltenden EU-Tierschutzstandards gleichwertig sind. Zudem arbeitet die EU daran, mittels internationaler Handelsabkommen eine Konvergenz der weltweiten Tierschutzstandards herbeizuführen. Zusätzliche Standards und Zertifizierungssysteme im Bereich des Tierschutzes sind von privaten Unternehmen, Staaten sowie Organisationen der Zivilgesellschaft erarbeitet worden[74].

Risikominderungsmaßnahmen

- Die tatsächlichen und potenziellen Effekte auf den Tierschutz anhand des Rahmens der **„Fünf Freiheiten"** prüfen.
- Sicherstellen, dass die **physische Umgebung** bequemes Ruhen, sichere und bequeme Bewegung, einschließlich normaler Haltungswechsel, sowie die Möglichkeit, natürliches Verhalten der Tiere auszuleben, erlaubt.
- Sicherstellen, dass die Tiere entsprechend ihrem Alter und ihrem Bedarf **Zugang zu ausreichend Futter und Wasser** haben, um eine normale Gesundheit und Produktivität zu erhalten und länger andauernden Hunger, Durst, Mangelernährung oder Dehydrierung zu verhindern.
- Wenn sich **schmerzhafte Verfahren** nicht vermeiden lassen, die resultierenden Schmerzen so weit behandeln, wie es die verfügbaren Methoden ermöglichen.
- Sicherstellen, dass **die Haltung der Tiere** eine positive Beziehung zwischen den Menschen und Tieren fördert und keine Verletzungen, Panik, dauerhafte Angst oder vermeidbares Leiden verursacht.
- **Nutztierrassen einsetzen**, die für die Umgebung und die Umstände geeignet sind, so dass sie ohne Produktionskrankheiten und andere intrinsische Probleme gehalten werden können[75].

8. Umweltschutz und nachhaltige Nutzung natürlicher Ressourcen

Risiken

Bei landwirtschaftlichen Aktivitäten können umweltfreundliche Praktiken eingesetzt werden, die die Ökosystemleistungen verbessern können, insbesondere wenn Landbewirtschaftungstechniken genutzt werden, die den Boden schonen und die Bodenfeuchte erhalten, die Wassereinzugsgebiete schützen, die Vegetation und Habitate wiederherstellen und die biologische Vielfalt wahren. Die landwirtschaftlichen Investitionen, die die Agrarproduktion auf kurze Sicht steigern sollen, können aber auch zu einer Degradation von Ökosystemen auf lange Sicht führen, darunter Landdegradation, Erschöpfung der Wasserressourcen und Schwund von Urwäldern und Biodiversität. Schätzungen zufolge sind 55-80% des weltweiten Waldschwunds durch die Umwandlung von Landflächen für die landwirtschaftliche Nutzung bedingt (UNEP, 2015). Die am häufigsten auftretenden Probleme bei den 39 Investitionen, die von Weltbank und UNCTAD im Jahr 2014 analysiert wurden, hingen mit dem Einsatz von Agrochemikalien zusammen, wie z.B. die Wasserkontamination, die chemische Drift und das Sprühen aus der Luft. Darüber hinaus können landwirtschaftliche Aktivitäten externe Auswirkungen verursachen – wie Treibhausgasemissionen, Effekte auf Wassereinzugsgebiete oder Entwaldung –, die weit entfernt von dem Ort der Geschäftstätigkeit auftreten, aber direkt mit ihr verbunden sind (FAO, 2010).

Die negativen Umweltauswirkungen können auf den Mangel angemessener Umweltverträglichkeitsprüfungen vor Tätigung der Investition sowie das Fehlen eines wirksamen Umweltmanagementsystems während ihrer Durchführung zurückzuführen sein (FAO, 2011). Die Qualität, die Vollständigkeit und die öffentliche Zugänglichkeit dieser Umweltverträglichkeitsprüfungen waren häufig Gegenstand von Kritik, die an umfangreichen Investitionen geübt wurde (FAO, 2010). Die Risiken sind höher, wenn die wissenschaftlichen Erkenntnisse nicht ausreichen, um die negativen Auswirkungen vollständig zu evaluieren. Zudem verändern sich die Risiken für die Unternehmen rasch, und zwar in dem Maße, wie internationale Standards zur effizienten Nutzung von Ressourcen, zum Recycling, zur Substitution bzw. Verringerung der Verwendung von giftigen Stoffen und zum Erhalt der biologischen Vielfalt voranschreiten (OECD, 2011; IFC, 2012).

Risikominderungsmaßnahmen

- Ein auf die Merkmale des jeweiligen Unternehmens zugeschnittenes **Umweltmanagementsystem** einrichten und aufrechterhalten, u.a. durch: Sammlung und Evaluierung zweckdienlicher, aktueller Informationen über mögliche Auswirkungen seiner Tätigkeit auf Umwelt, Gesundheit und Sicherheit; Aufstellung messbarer Ziele und gegebenenfalls spezifischer Zielvorgaben für die Verbesserung der Ergebnisse im Umweltbereich und bei der Nutzung von Ressourcen, u.a. durch die Erstellung eines integrierten Plans für das Schädlings- und/oder Düngemittelmanagement[76]; sowie regelmäßige Beobachtung und Kontrolle der bei der Verwirklichung der allgemeinen bzw. spezifischen Ziele im Bereich von Umwelt, Gesundheit und Sicherheit realisierten Fortschritte[77].
- Verfahren einrichten, um die Wirksamkeit des Umweltmanagementsystems zu **überwachen** und zu messen. Wenn staatliche Stellen oder Dritte für das Management spezifischer Umweltrisiken und -auswirkungen und der damit einhergehenden Minderungsmaßnahmen verantwortlich sind, mit ihnen bei der Festsetzung und Begleitung dieser Minderungsmaßnahmen zusammenarbeiten. Gegebenenfalls die Einbeziehung von Vertretern der betroffenen Gemeinden in Erwägung ziehen, damit sie sich an der Beobachtung der Aktivitäten beteiligen können[78].

- Den absehbaren Folgen, die Verfahren, Waren und Dienstleistungen des Unternehmens über deren gesamten Lebenszyklus hinweg für Umwelt, Gesundheit und Sicherheit haben können, **begegnen**, mit dem Ziel sie zu vermeiden oder, wenn sie sich nicht vermeiden lassen, sie zu mindern. Wenn die in Erwägung gezogenen Aktivitäten erhebliche Auswirkungen auf Umwelt, Gesundheit oder Sicherheit zu haben drohen und der Entscheidung der jeweils zuständigen Behörde unterliegen, sollte eine zweckdienliche Prüfung der Umweltverträglichkeit durchgeführt werden[79].
- Falls gemäß dem wissenschaftlichen und technischen Kenntnisstand bezüglich der Risiken eine Umweltschädigung droht sowie unter Berücksichtigung etwaiger Risiken für die menschliche Gesundheit und Sicherheit, die Umsetzung kostenwirksamer Maßnahmen zur Verhinderung bzw. größtmöglichen Reduzierung eines solchen Schadens nicht unter dem Vorwand aufschieben, es mangele an **absoluter wissenschaftlicher Gewissheit**[80].
- **Notfallpläne** bereithalten, um ernste Umwelt- und Gesundheitsschäden zu vermeiden, zu mildern bzw. zu beheben, die durch die Aktivitäten, einschließlich Unfällen und Krisensituationen, verursacht werden könnten, und gegebenenfalls die potenziell betroffenen Gemeinden und nachgeordneten Gebietskörperschaften unterstützen und mit ihnen zusammenarbeiten, um in Krisensituationen eine wirksame Reaktion zu gewährleisten, insbesondere indem Mechanismen zur sofortigen Meldung an die zuständigen Behörden vorgesehen werden[81].
- Erwägungen hinsichtlich Kosten, Geschäftsgeheimnis und Schutz der Rechte an geistigem Eigentum berücksichtigen, der Öffentlichkeit und den Beschäftigten zweckdienliche, messbare und aktuelle **Informationen** über die möglichen Auswirkungen der Tätigkeit des Unternehmens auf Umwelt, Gesundheit und Sicherheit zur Verfügung stellen und zu gegebener Zeit einen zweckmäßigen Kommunikations- und Konsultationsprozess mit den von der Unternehmenspolitik in den Bereichen Umwelt, Gesundheit und Sicherheit sowie deren Umsetzung unmittelbar betroffenen Gemeinschaften einleiten[82].
- Danach streben, negative Auswirkungen auf die **Biodiversität, die genetischen Ressourcen und die Ökosystemleistungen** zu vermeiden und ihre Erhaltung zu fördern, und wenn die Verhinderung solcher Auswirkungen nicht möglich ist, Maßnahmen ergreifen, um die Auswirkungen möglichst gering zu halten und die biologische Vielfalt und die Ökosystemleistungen durch einen adaptiven Managementansatz wiederherzustellen[83].
- Gegebenenfalls in Zusammenarbeit mit den staatlichen Stellen das geeignetste Produktionssystem auswählen, um die **Effizienz der Ressourcennutzung** zu verbessern und gleichzeitig die künftige Verfügbarkeit der derzeitigen Ressourcen zu wahren[84]. Dies bedeutet insbesondere, dass folgende Anstrengungen notwendig sind:
  - den **Wasserschutz**, die Abwasserbehandlung und die Wassernutzungseffizienz verbessern und in entsprechende Technologien investieren und sie nutzen, um dieses Ziel zu erreichen[85],
  - das Management **landwirtschaftlicher Inputs und Outputs** verbessern, um die Effizienz in der Produktion zu steigern und die Gefahren für die Umwelt und die Gesundheit von Menschen, Tieren oder Pflanzen zu minimieren[86],
  - **Abfälle und Verluste** in der Produktion und bei der Nachernte reduzieren und die produktive Nutzung von Abfällen und/oder Nebenprodukten verbessern[87],
  - technisch und finanziell machbare und kostenwirksame Maßnahmen zur Verbesserung der Effizienz beim **Energieverbrauch** einführen[88],
  - gegebenenfalls Maßnahmen ergreifen, um die **Treibhausgasemissionen** zu reduzieren und/oder zu beseitigen[89].

9. Governance

9.1 *Korruption*

Risiken

Wenn ein Staat keine klaren und effektiv durchgesetzten Rechtsvorschriften über Transparenz und Korruptionsbekämpfung vorweisen kann, sind die governancebezogenen Risiken für die Unternehmen hoch (OECD, 2006). Die für die Landnutzung zuständigen staatlichen Stellen gehören zu den Behörden, die bei der Erbringung ihrer Dienstleistungen am meisten von Bestechung betroffen sind, nur die Polizei und die Judikative weisen ein höheres Bestechungsniveau auf (TI, 2011). Die Unternehmen müssen möglicherweise einen unrechtmäßigen Vorteil anbieten, um zum Nachteil der lokalen Gemeinden, die gewohnheitsrechtliche Landrechte besitzen, Zugang zu großen Landflächen zu erhalten. Korruption kann auch die Vergabe von staatlich geförderten Krediten beeinflussen, wenn von den Regierungsbeamten bei der Gewährung der Kredite unnötige Gebühren erhoben werden. Korruption kann ferner eine Preiserhöhung für landwirtschaftliche Vorleistungen nach sich ziehen, da Vorleistungsbetriebe ihre Erzeugnisse mitunter zu einem höheren Preis an staatliche Stellen abgeben, um öffentliche Amtsträger am Gewinn teilhaben zu lassen.

Korruptionsvorwürfe können entweder die Vorteile von landwirtschaftlichen Investitionen reduzieren oder ihre Durchführung verhindern, da die Kosten für den Zugang zu Ressourcen gesteigert werden, die Synergien mit der gegenwärtigen und künftigen Infrastrukturentwicklung verringert werden und das Konfliktpotenzial erhöht wird (FAO, 2010). Sie können auch das Vertrauen der lokalen Gemeinden in das Unternehmen untergraben, das unerlässlich ist, um auf lange Sicht eine positive Beziehung aufzubauen.

Risikominderungsmaßnahmen

- Davon absehen, sich um Ausnahmeregelungen zu bemühen bzw. Ausnahmen zu akzeptieren, die nicht in den Gesetzen oder Vorschriften über Menschenrechte, Umwelt, Gesundheit, Sicherheit, Beschäftigung, Besteuerung oder sonstige Bereiche vorgesehen sind.
- Vermeiden, direkt oder indirekt (über einen Dritten) öffentlichen Amtsträgern, Beschäftigten von Geschäftspartnern oder deren Angehörigen bzw. Geschäftsfreunden Bestechungsgelder oder sonstige ungerechtfertigte Vorteile anbieten, versprechen, gewähren oder fordern, um einen Auftrag oder einen sonstigen unbilligen Vorteil zu erlangen oder zu behalten.
- Angemessene interne Kontrollmechanismen sowie Ethik- und Compliance-Programme bzw. -Maßnahmen zur Prävention und Aufdeckung von Bestechung entwickeln und einführen.
- In internen Betriebsprüfungen sowie Ethik- und Compliance-Programmen bzw. -Maßnahmen den Einsatz von kleineren Beschleunigungszahlungen (*facilitation payments*), die im Allgemeinen in den Ländern, in denen sie geleistet werden, rechtswidrig sind, verbieten oder davon abraten, und wenn solche Zahlungen geleistet werden, sie in der Buchführung und Rechnungslegung entsprechend wiedergeben.
- Einer hinreichend dokumentierten Sorgfaltspflicht im Hinblick auf die Einstellung ebenso wie die angemessene und regelmäßige Kontrolle der in ihrem Auftrag Handelnden nachkommen und sicherstellen, dass ihre Vergütung angemessen ist und ausschließlich für legitime Dienstleistungen gezahlt wird.
- Sich jeder ungebührlichen Einmischung in die Politik des Gaststaats enthalten[90].

- Objektiv geschätzte Werte, transparente und dezentralisierte Verfahren und Dienste heranziehen sowie das Recht auf Rechtsmittel einräumen, um Korruption im Hinblick auf Landrechte, insbesondere die gewohnheitsrechtlichen Landrechte indigener Völker und lokaler Gemeinschaften, zu verhindern[91].
- Sich an den von den staatlichen Stellen unternommenen Anstrengungen beteiligen, um das **OECD-Übereinkommen** über die Bekämpfung der Bestechung ausländischer Amtsträger im internationalen Geschäftsverkehr (OECD-Übereinkommen gegen Bestechung) umzusetzen[92].

9.2 Besteuerung

Risiken

Unternehmen können durch die pünktliche Entrichtung ihrer Steuerschuld einen Beitrag zur wirtschaftlichen Entwicklung der Gastländer leisten. Die Governance im Steuerbereich und die Einhaltung der Steuervorschriften im Rahmen ihrer Risikomanagementsysteme können sicherstellen, dass das Finanz-, Aufsichts- und Reputationsrisiko jeweils umfassend ermittelt und bewertet wird (OECD, 2011). Wie jüngst auf Großunternehmen ausgerichtete Aktionen gezeigt haben, kann Steuervermeidung das Reputationsrisiko vergrößern.

Risikominderungsmaßnahmen

- An die zuständigen Behörden **aktuelle** einschlägige bzw. gesetzlich vorgeschriebene **Informationen** übermitteln, damit diese die im Zusammenhang mit der Geschäftstätigkeit anfallenden Steuern korrekt veranlagen können.
- Bei der Festlegung von **Verrechnungspreisen** den Fremdvergleichsgrundsatz beachten.
- **Risikomanagementstrategien** im Steuerbereich einführen, um sicherzustellen, dass das Finanz-, Aufsichts- und Reputationsrisiko jeweils umfassend ermittelt und bewertet wird[93].

9.3 Wettbewerb

Risiken

Wettbewerbsfeindliche Praktiken können nicht nur negative Auswirkungen auf die Verbraucher haben, sondern auch die Verhandlungsmacht von landwirtschaftlichen Kleinbetrieben schwächen, wenn übermäßige Nachfragemacht nicht reguliert wird und so die Ernährungssicherheit und die Ernährung beeinträchtigt (VN, 2009). Desgleichen kann Dumping durch Großunternehmen, die ein Produkt mit Verlust auf einem wettbewerblichen Markt verkaufen, Konkurrenten, vor allem kleine und mittlere Unternehmen, vom Markt drängen. In Ländern, in denen die wettbewerbsrechtlichen Bestimmungen und Regelungen lückenhaft sind oder nicht ausreichend durchgesetzt werden, laufen die Unternehmen Gefahr, Wettbewerbsstandards zu verletzen, wenn sie keine große Sorgfalt an den Tag legen, um von Praktiken abzusehen, die einer ungebührlichen Ausübung der Nachfragemacht gleichkommen, wie z.B. rückwirkende Preissenkungen ohne angemessene Bekanntmachung oder die Verhängung ungerechtfertigter Zahlungen, die von den Zulieferern auf Grund von Kundenbeschwerden gefordert werden (OECD, 2006).

Risikominderungsmaßnahmen

- **Keine wettbewerbswidrigen Absprachen** zwischen Konkurrenten treffen bzw. umsetzen.

- **Mit den untersuchenden Wettbewerbsbehörden zusammenarbeiten**, indem u.a. – vorbehaltlich der geltenden Rechtsvorschriften und geeigneter Schutzmaßnahmen – Anfragen so rasch und vollständig wie möglich beantwortet werden und der Einsatz aller verfügbaren Instrumente, so z.B. gegebenenfalls eines Vertraulichkeitsverzichts, in Erwägung gezogen wird, um eine effektive und effiziente Zusammenarbeit zwischen den Ermittlungsbehörden zu fördern[94].

10. Technologie und Innovation

Risiken

Die Förderung und der Austausch von Technologien können zur Schaffung eines Umfelds beitragen, das der Achtung der Menschenrechte und einem besseren Umweltschutz förderlich ist. Empirische Studien deuten jedoch darauf hin, dass der tatsächliche Technologietransfer im Agrarsektor selten das von den Unternehmen angekündigte Niveau erreicht (UNCTAD, 2009).

Im Hinblick auf genetisches Material und das traditionelle Wissen der indigenen Völker, der lokalen Gemeinschaften und der Landwirte haben die Vertragsstaaten des CBD, des Internationalen Vertrags über pflanzengenetische Ressourcen für Ernährung und Landwirtschaft und des Nagoya-Protokolls über den Zugang zu genetischen Ressourcen und die ausgewogene und gerechte Aufteilung der sich aus ihrer Nutzung ergebenden Vorteile zum Übereinkommen über die biologische Vielfalt spezifische internationale Verpflichtungen in Bezug auf den Zugang zu genetischen Ressourcen und dem damit verbundenen traditionellen Wissen. Die Unternehmen können mit den staatlichen Stellen zusammenarbeiten, um sie bei der Einhaltung dieser internationalen Verpflichtungen zu unterstützen, oder ihnen zumindest nicht entgegenwirken, wobei die einschlägigen Gesetze zum Schutz geistigen Eigentums zu berücksichtigen sind.

Risikominderungsmaßnahmen

- Bestrebt sein, sicherzustellen, dass die Aktivitäten mit der Wissenschafts- und Technologiepolitik und den diesbezüglichen Plänen der **Standortländer** im Einklang stehen, und gegebenenfalls zum Ausbau der Innovationskapazitäten auf lokaler und nationaler Ebene beitragen.
- Im Rahmen der Geschäftstätigkeit, soweit praktikabel, Verfahren anwenden, die – unter gebührender Berücksichtigung des Schutzes der Rechte an geistigem Eigentum – **den Transfer und die rasche Verbreitung** von lokal angepassten und innovativen Technologien, Fachkenntnissen und Praktiken erlauben[95].
- Vorbehaltlich der nationalen Gesetze und in Übereinstimmung mit den geltenden internationalen Verträgen das **Recht der Landwirte** respektieren, genetische Ressourcen, darunter Samen, aufzubewahren, zu verwenden, zu tauschen und zu verkaufen, und den Interessen von Züchtern Rechnung tragen[96].
- Gegebenenfalls WuT-Entwicklungsaktivitäten in Entwicklungsländern durchführen, die auf die Bedürfnisse des **lokalen Markts** zugeschnitten sind, einheimisches Personal beschäftigen und dessen Ausbildung unter Berücksichtigung des am Markt vorhandenen Bedarfs fördern.
- Bei der Vergabe von Lizenzen für die Nutzung von **Rechten an geistigem Eigentum** oder bei sonstigen Formen des Technologietransfers vernünftige Bedingungen und

Modalitäten anwenden und in einer Weise vorgehen, die der langfristig nachhaltigen Entwicklung des Gastlands förderlich ist.

- Soweit dies im Sinne der Geschäftspolitik ist, Verbindungen zu **lokalen Hochschulen** und öffentlichen Forschungsinstituten herstellen und gemeinsam mit einheimischen Unternehmen oder Industrieverbänden an Verbundforschungsprojekten teilnehmen[97].

Anmerkungen

1. OECD-Leitsätze, III.1-3, VIII.2; CFS-RAI-Prinzipien, 9.ii; VGGT, 12.3; Akwé:Kon-Richtlinien, 10-11; IFC Performance Standard 1, Abs. 29; die den Leitprinzipien der Vereinten Nationen hinzugefügten und vom Menschenrechtsrat der Vereinten Nationen angenommenen Prinzipien der Vereinten Nationen für verantwortungsvolle Verträge („UN Principles for Responsible Contracts"), 10. Dies kann auch die Umsetzung von Artikel 5.6 des Aarhus-Übereinkommens fördern. Die Angaben zu den *„Produkteigenschaften"* sollten Informationen, u.a. über die Preise und gegebenenfalls die Zusammensetzung, Anwendungssicherheit, Umwelteigenschaften, Wartung, Lagerung und Entsorgung der Produkte liefern, damit die Verbraucher ihre Entscheidungen in voller Sachkenntnis treffen können (OECD-Leitsätze, VIII.2).
2. Akwé:Kon-Richtlinien, 10-11.
3. Aarhus-Übereinkommen, Art. 5.1.c.
4. OECD-Leitsätze, III.1.
5. IFC Performance Standard 1, Abs. 27.
6. IFC Performance Standard 7, Abs. 13-17; Akwé:Kon-Richtlinien, 29, 52-53, 60; VGGT, 3B.6, 9.9; CFS-RAI-Prinzipien, 9.iii; Erklärung der Vereinten Nationen über die Rechte der indigenen Völker, Art. 10. Wenn die Einbeziehung der betroffenen Akteure in erster Line in der Verantwortung der staatlichen Stellen liegt, sollten die Unternehmen gemäß Standard 1 Abs. 33 der Performance Standards der Internationalen Finanz-Corporation soweit zulässig mit der zuständigen Stelle zusammenarbeiten. Wenn die Verwaltungskapazitäten begrenzt sind, sollten sie bei der Planung, Umsetzung und Begleitung der Einbeziehung der betroffenen Akteure eine aktive Rolle spielen. Wenn das von den staatlichen Stellen angewandte Verfahren nicht die einschlägigen Anforderungen für eine konstruktive Einbindung erfüllt, sollten die Unternehmen ein ergänzendes Verfahren durchführen und gegebenenfalls zusätzliche Maßnahmen identifizieren.
7. VGGT, 3B.6; IFC Performance Standard 1, Abs. 30.
8. VGGT, 9.9 und 4.10; Akwé:Kon-Richtlinien, 14-17; PRAI, Grundsätze 1 und 4; IFC Performance Standard 1, Abs. 26-27 und 30.
9. Akwé:Kon-Richtlinien, 17; IFC Performance Standard 1, Abs. 30-31.
10. Akwé:Kon-Richtlinien, 7-8; IFC Performance Standard 1, Abs. 27.
11. OECD-Leitsätze, VI.3 und VI.67.
12. Es können beispielsweise Instrumente wie ein hoher Erhaltungswert und eine Bewertung der Kohlenstoffspeicher eingesetzt werden. Vgl. Unterabschnitt 8 über „Umweltschutz und nachhaltige Nutzung natürlicher Ressourcen" wegen näherer Einzelheiten zu potenziellen negativen Umweltauswirkungen.
13. CFS-RAI-Prinzipien, 10; Akwé:Kon-Richtlinien 6, 37 und 48.
14. CFS-RAI-Prinzipien, 10.i; Akwé:Kon-Richtlinien,14.
15. IFC Performance Standard 1, Abs. 8 und 10.
16. CBD Art. 8(j) und 10; Internationaler Vertrag über pflanzengenetische Ressourcen für Ernährung und Landwirtschaft (ITPGR), Art. 9.2; Nagoya-Protokoll, Art. 5; ILO-Übereinkommen Nr. 169, Art. 15.
17. Eine indikative Liste findet sich im Anhang des Nagoya-Protokolls.
18. Akwé:Kon-Richtlinien, 46.

19. CFS-RAI-Prinzipien, 1.iii und 2, iv-vii; PRAI, Grundsatz 6; MNE-Erklärung der ILO, Abs. 20; Akwé:Kon-Richtlinien, 46; IFC Performance Standard 7, Abs. 18-20.
20. MNE-Erklärung der ILO, Abs. 10; PRAI, Grundsatz 5.
21. PRAI, Grundsatz 6; Akwé:Kon-Richtlinien, 46; IFC Performance Standard 7, Abs. 18-20.
22. IFC Performance Standard 1, Abs. 35.
23. VN-Leitprinzip 31, Kommentar.
24. OECD-Leitsätze, IV.46.
25. OECD-Leitsätze, IV.1-3.
26. OECD-Leitsätze, IV.37.
27. Akwé:Kon-Richtlinien, 13; IFC Performance Standard 7, Abs. 8.
28. Vgl. vorstehenden Abschnitt über die Folgenabschätzung wegen näherer Einzelheiten.
29. OECD-Leitsätze, II.2 sowie IV.5 und 45.
30. CFS-RAI-Prinzipien, 3 und 4.
31. CFS-RAI-Prinzipien, 3; Übereinkommen zur Beseitigung jeder Form von Diskriminierung der Frau.
32. CFS-RAI-Prinzipien, 3.iii.
33. Übereinkommen über die Vereinigungsfreiheit und den Schutz des Vereinigungsrechtes, 1948 (Nr. 87); Übereinkommen über die Anwendung der Grundsätze des Vereinigungsrechtes und des Rechtes zu Kollektivverhandlungen, 1949 (Nr. 98); Übereinkommen über Zwangs- oder Pflichtarbeit, 1930 (Nr. 29); Übereinkommen über die Abschaffung der Zwangsarbeit, 1957 (Nr. 105); Übereinkommen über das Mindestalter für die Zulassung zur Beschäftigung, 1973 (Nr. 138); Übereinkommen über das Verbot und unverzügliche Maßnahmen zur Beseitigung der schlimmsten Formen der Kinderarbeit, 1999 (Nr. 182); Übereinkommen über die Gleichheit des Entgelts männlicher und weiblicher Arbeitskräfte für gleichwertige Arbeit, 1951 (Nr. 100); Übereinkommen über die Diskriminierung in Beschäftigung und Beruf, 1958 (Nr. 111).
34. Zudem wird das Recht, Gewerkschaften beizutreten und Gewerkschaften zu gründen, durch die Europäische Menschenrechtskonvention geschützt (Artikel 11). Das Recht, Gewerkschaften beizutreten, wird durch das Recht auf Vereinigungsfreiheit geschützt, das in der Amerikanischen Menschenrechtskonvention (Artikel 16) und der Afrikanischen Charta der Menschenrechte und der Rechte der Völker (Artikel 10) enthalten ist.
35. Das CFS-RAI-Prinzip 2 erstreckt sich auf die Arbeitsrechte.
36. MNE-Erklärung der ILO, Abs. 21; OECD-Leitsätze, V.1.e. In Erläuterung 54 der OECD-Leitsätze wird festgestellt, dass sich die Formulierung „sonstiger Status" im Sinne der Leitsätze auf die Tätigkeit der Gewerkschaften und persönliche Merkmale wie Alter, Behinderung, Schwangerschaft, Familienstand, sexuelle Orientierung oder HIV-Status bezieht. Erwähnenswert ist in diesem Zusammenhang auch, dass das Übereinkommen über die Rechte von Menschen mit Behinderungen Diskriminierung bei der Beschäftigung auf Grund von Behinderung verbietet.
37. MNE-Erklärung der ILO, Abs. 36; OECD-Leitsätze, V.1.c; Grundsätze zu Kinderrechten und Unternehmenshandeln, 2. Die Grundsätze zu Kinderrechten und Unternehmenshandeln schaffen keine neuen internationalen gesetzlichen Verpflichtungen. Sie gründen sich auf die im Übereinkommen über die Rechte des Kindes und seinen Fakultativprotokollen dargelegten Rechte. Bei dem Übereinkommen handelt es sich um den meist ratifizierten Menschenrechtsvertrag: 193 Staaten haben das Übereinkommen unterzeichnet und ratifiziert. Diese Grundsätze basieren auch auf den ILO-Übereinkommen Nr. 182 über das Verbot und unverzügliche Maßnahmen zur Beseitigung der schlimmsten Formen der Kinderarbeit und Nr. 138 über das Mindestalter für die Zulassung zur Beschäftigung. Sie gehen auch näher auf existierende Unternehmensstandards ein, darunter die „zehn Prinzipien" des UN Global Compact und die VN-Leitprinzipen.
38. OECD-Leitsätze, V.1.d; IFC Performance Standard 2, Abs. 13, 15, 21, 22 und 27.
39. MNE-Erklärung der ILO, Abs. 34; OECD-Leitsätze, V.4.a u. b.
40. MNE-Erklärung der ILO, Abs. 25.

41. MNE-Erklärung der ILO, Abs. 26; OECD-Leitsätze, V.6.
42. ILO-Empfehlung betreffend Kommunikationen zwischen Betriebsleitung und Belegschaft, 1967 (Nr. 129), Abs. 2.
43. Systeme der Arbeitsbeziehungen, wie Kollektivverhandlungen auf Unternehmens- oder Branchenebene, können eine wichtige Rolle bei der Verhütung und Behebung von Missständen spielen.
44. IFC Performance Standard 2, Abs. 14; MNE-Erklärung der ILO, Abs. 17, 52-53.
45. OECD-Leitsätze, II.9, V.1-3, V.6-8; MNE-Erklärung der ILO, Abs. 41, 44, 47, 51-56.
46. OECD-Leitsätze, V.4-5; MNE-Erklärung der ILO, Abs. 18.
47. MNE-Erklärung der ILO, Abs. 16-18, 30-34.
48. CFS-RAI-Prinzipien, 3.iii und 4.ii.
49. MNE-Erklärung der ILO, Abs. 31.
50. Die folgenden Länder und Organisationen haben diesen Ansatz gebilligt: Europäische Kommission, US-Außenministerium, US-Landwirtschaftsministerium, US-Zentren für Krankheitskontrolle und Prävention (CDC), Weltbank, Weltgesundheitsorganisation (WHO), FAO, OIE und Gemeinsamer Arbeitsstab zur Grippe-Pandemie-Vorsorge der VN-Organisationen (UNSIC). Weitere Informationen können unter *www.onehealthglobal.net* abgerufen werden.
51. Die Allgemeinen Bemerkungen des Ausschusses für wirtschaftliche, soziale und kulturelle Rechte sind nicht rechtsverbindlich, bilden aber die maßgeblichen Interpretationen des ICESCR.
52. Ausschuss für wirtschaftliche, soziale und kulturelle Rechte, Allgemeine Bemerkung 14 (2000). Wenngleich der IPWSKR ein weitgehend ratifiziertes, internationales Instrument ist, in dessen Rahmen die Vertragsstaaten das Recht eines jeden auf das für ihn erreichbare Höchstmaß an körperlicher und geistiger Gesundheit anerkennen, sind gesundheitsbezogene Rechte auch in anderen Instrumenten aufgeführt, namentlich im Übereinkommen über die Rechte des Kindes, im Übereinkommen zur Beseitigung jeder Form von Diskriminierung der Frau, im Internationalen Übereinkommen zur Beseitigung jeder Form von Rassendiskriminierung sowie im Übereinkommen über die Rechte von Menschen mit Behinderungen.
53. Wegen spezifischer Empfehlungen zu den Verbraucherinteressen vgl. OECD-Leitsätze, VIII.
54. In Standard 3 der Performance Standards der Internationalen Finanz-Corporation werden „gute internationale Praktiken" definiert als „die Anwendung von beruflichen Kompetenzen, Sorgfaltspflicht, Vorsicht und Vorausschau, wie sie vernünftigerweise von qualifizierten und erfahrenen Fachkräften zu erwarten wäre, die derselben Art von Tätigkeit unter den gleichen oder ähnlichen Bedingungen auf globaler oder regionaler Ebene nachgehen. Diese guten Praktiken sollten dazu führen, dass im Rahmen eines Projekts die geeignetsten Technologien entsprechend den projektspezifischen Umständen angewendet werden".
55. IFC Performance Standard 4.
56. PRAI, Grundsatz 5. Die Codex-Alimentarius-Kommission, die 1963 von der FAO und der Weltgesundheitsorganisation (WHO) gegründet wurde, schlägt internationale Lebensmittelstandards, Richtlinien und Verfahrensregeln zum Schutz der Gesundheit der Verbraucher vor und stellt faire Praktiken im Handel mit Lebensmitteln sicher. Die Kommission fördert zudem die Koordinierung zwischen verschiedenen Lebensmittelstandards, die von internationalen Regierungsorganisationen und Nichtregierungsorganisationen erarbeitet wurden. Die HACCP-Grundsätze sind Bestandteil des Codex. Dabei handelt es sich um einen systematischen präventiven Ansatz für Lebensmittelsicherheit und biologische, chemische und physikalische Gesundheitsgefahren, die bei den Produktionsprozessen vorkommen und zu einem gefährlichen Endprodukt führen können. Sie geben Messwerte zur Verringerung dieser Risiken auf ein sicheres Niveau vor. Die sieben Grundsätze lauten wie folgt: 1. Gefahrenanalyse durchführen, 2. kritische Kontrollpunkte bestimmen, 3. Grenzwerte festlegen, 4. kritische Kontrollpunkte überwachen, 5. Korrekturmaßnahmen festlegen, 6. Verfahren zur Verifizierung festlegen und 7. Aufzeichnungen erstellen. Das HACCP-System kann auf allen Stufen der Nahrungsmittelkette eingesetzt werden, d.h. bei Produktion, Verarbeitung, Verpackung und Vertrieb von Nahrungsmitteln.

57. Zu den von der *Global Food Safety Initiative* anerkannten Programmen gehören z.B. das Lebensmittelsicherheit-Managementsystem nach ISO 22000 sowie die *BRC Global Standards* und die *International Featured Standards*. Die Europäische Behörde für Lebensmittelsicherheit erstellt ebenfalls Standards für Lebensmittelsicherheit.

58. Der Codex-Alimentarius-Kommission von 2006 zufolge ist Rückverfolgbarkeit definiert als Fähigkeit, Lebensmittel über bestimmte Produktions-, Verarbeitungs- und Vertriebsstufen zu verfolgen. Das Rückverfolgungsinstrument sollte in der Lage sein, in Übereinstimmung mit den Zielen des Systems zur Lebensmittelüberwachung und Lebensmittelzertifizierung auf allen Stufen der Lebensmittelversorgungskette die Herkunft von Lebensmitteln (ein Schritt zurück) und ihren Empfänger (ein Schritt vor) zu identifizieren.

59. Nahrungsbezogene Rechte sind auch durch andere internationale und regionale Instrumente geschützt, darunter das Übereinkommen über die Rechte des Kindes, das Übereinkommen zur Beseitigung jeder Form von Diskriminierung der Frau und das Übereinkommen über die Rechte von Menschen mit Behinderungen.

60. VN-Ausschuss für wirtschaftliche, soziale und kulturelle Rechte, Allgemeine Bemerkung 12 (1999), Abs. 6, 15 und 27.

61. Wegen weiterer Informationen vgl. den Access to Nutrition Index unter *www.accesstonutrition.org*.

62. CFS-RAI-Prinzipien, 1.i und iii, 2.iii und iv sowie 8.i; 3.i und iii; VGGT, 12.4; PRAI, Grundsatz 2.

63. Die CAO ist die unabhängige Beschwerdestelle der IFC und der Multilateralen Investitions-Garantie-Agentur (MIGA). Sie reagiert auf Beschwerden von Vorhaben betroffener Bevölkerungsgruppen mit dem Ziel, die sozialen und ökologischen Ergebnisse vor Ort zu verbessern.

64. Auch wenn es sich bei Eigentums-, Besitz- und Nutzungsrechten nicht um Menschenrechte handelt, könnten diese wichtige Folgen für die Wahrnehmung verschiedener Menschenrechte haben, was sich in den Standards für verantwortungsvolles unternehmerisches Handeln widerspiegelt. Eine wichtige Ausnahme ist das Recht indigener Bevölkerungsgruppen auf Eigentum und Besitz von Land, das sie traditionell bewohnen, das im ILO-Übereinkommen Nr. 169 kodifiziert ist und in der nicht rechtsverbindlichen, aber häufig zitierten Erklärung der Vereinten Nationen über die Rechte der indigenen Völker unterstützt wird (vgl. Anhang B).

65. Unfreiwillige Umsiedlung bezieht sich sowohl auf die physische Verdrängung (Umsiedlung oder Landverlust) als auch auf die wirtschaftliche Verdrängung (Verlust der natürlichen Ressourcen oder verringerter Zugang zu natürlichen Ressourcen, die zum Verlust der Lebensgrundlagen führen) infolge des Landerwerbs und/oder Einschränkungen der Nutzung der natürlichen Ressourcen. Die Umsiedlung wird als unfreiwillig betrachtet, wenn die betroffenen Personen nicht das Recht haben, sich dem Landerwerb und/oder den Einschränkungen bei der Nutzung der natürlichen Ressourcen zu widersetzen (IFC Performance Standard 5).

66. VGGT, 2.4; PRAI, Grundsatz 1; Akwé:Kon-Richtlinien, 13; IFC Performance Standard 7, Abs. 8.

67. Akwé:Kon-Richtlinien, 13.

68. VGGT, 12.4 und 16.1; IFC Performance Standard 5, Abs. 8; ILO-Übereinkommen über eingeborene und in Stämmen lebende Völker in unabhängigen Ländern, 1989 (Nr. 169), Art. 16. Zu beachten ist, dass auf diese Standards auch in den jüngsten Verpflichtungen der großen Agrar- und Lebensmittelunternehmen im Hinblick auf die Landaneignung Bezug genommen wird.

69. PRAI, Grundsatz 6.2.1; IFC Performance Standard 5, Abs. 9-10, 19, 27-28, sowie IFC Performance Standard 7, Abs. 9 und 14.

70. IFC Performance Standard 5, Abs. 30. Darüber hinaus verlangt Absatz 31 dieses Standards von den Unternehmen die Ausarbeitung eines zusätzlichen Plans zur Umsiedlung/Wiederherstellung der Lebensgrundlagen.

71. Laut der von über 170 Staaten anerkannten OIE-Definition bezieht sich Tierschutz darauf, wie ein Tier mit seinen Lebensbedingungen zurechtkommt. Ein Tier genießt einen guten Tierschutz, wenn es (wissenschaftlichen Erkenntnissen zufolge) gesund ist, sich wohlfühlt, gut genährt und sicher ist, sein angeborenes Verhalten ausleben kann und nicht unter unangenehmen Zuständen wie Schmerzen, Angst und Stress leidet. Wegen weiterer Informationen vgl. *www.defra.gov.uk/fawc*.

72. Die fünf Freiheiten werden in der Einleitung der Empfehlungen der OIE zum Tierschutz anerkannt, d.h. in Artikel 7.1.2. des Gesundheitskodex für Landtiere. Wegen weiterer Informationen vgl. die fünf Freiheiten des Farm Animal Welfare Council unter *www.fawc.org.uk/freedoms.htm*.

73. Vgl. *http://eur-lex.europa.eu/legal-content/EN/TXT/?uri=CELEX:12012E/TXT*.

74. Zu diesen Standards zählen die IFC Good Practice Note on Animal Welfare in Livestock Operations, Freedom Food der Royal Society for the Prevention of Cruelty to Animals (RSPCA), Label Rouge, GAP 5-Step und die Organic Standards der Soil Association.

75. OIE, Terrestrial Animal Health Code 2015, Artikel 7.1.4. Diese Risikominderungsmaßnahmen scheinen mit den grundlegenden Kriterien der Business Benchmark on Farm Animal Welfare (*www.bbfaw.com*) im Einklang zu stehen.

76. Ein Plan für das Schädlingsmanagement sollte darauf abzielen, die Schädlingsentwicklung mit Hilfe einer Kombination verschiedener Techniken zu reduzieren, beispielsweise die biologische Kontrolle durch den Einsatz nützlicher Insekten oder Mikroben und schädlingsresistenter Pflanzensorten und alternative landwirtschaftliche Praktiken wie Sprühen oder Stutzen.

77. OECD-Leitsätze, VI.1.

78. IFC Performance Standard 1, Abs. 5 und 21-22.

79. OECD-Leitsätze, VI.2-3.

80. OECD-Leitsätze, VI.1, 4-5, IFC Performance Standard 1, 5 und 21-22; UN Global Compact, Prinzipien 7-8; Rahmenübereinkommen der Vereinten Nationen über Klimaänderungen, Art. 3.

81. OECD-Leitsätze, VI.1, 4 und 5; IFC Performance Standard 1, Abs. 5 und 21-22.

82. OECD-Leitsätze, VI.2-3.

83. IFC Performance Standard 6, Abs. 7; CBD Art. 8 und 9; CFS-RAI-Prinzipien, 6.ii. In Standard 6 Abs. 26 der Performance Standards der Internationalen Finanz-Corporation heißt es zudem „Sofern möglich, wird der Kunde landgebundene agrar- und forstwirtschaftliche Projekte auf unbewaldeten Flächen oder bereits umgewandelten Flächen ansiedeln". Die *Forest Policy Proposals* der *International Commission on Land Use Change and Ecosystems* (Oktober 2009), die Richtlinie 2009/28/EG zur Förderung der Nutzung von Energie aus erneuerbaren Quellen (April 2009), die Verordnung (EU) Nr. 995/2010 über die Verpflichtungen von Marktteilnehmern, die Holz und Holzerzeugnisse in Verkehr bringen (Oktober 2010), und die auf dem Klimagipfel 2014 verabschiedete *New York Declaration on Forests* nehmen auf Landnutzungsänderungen Bezug.

84. PRAI, Grundsatz 7. Die Bodenfruchtbarkeit kann z.B. durch eine angemessene Fruchtfolge, den Einsatz von Tierdung, das Weidemanagement sowie rationale mechanische oder konservierende Bodenbearbeitungspraktiken erhalten werden.

85. Das *CEO Water Mandate* – eine öffentlich-private Initiative, die 2007 vom Generalsekretär der Vereinten Nationen lanciert wurde – soll Unternehmen bei der Entwicklung, Umsetzung und Veröffentlichung von Maßnahmen und Praktiken für einen nachhaltigen Umgang mit Wasser unterstützen. Es sieht vor, dass Zielvorgaben im Hinblick auf den Gewässerschutz, die Abwasserbehandlung und die Verringerung des Wasserverbrauchs festgelegt werden. Das Abschlussdokument von Rio+20 „Die Zukunft, die wir wollen" konzentriert sich allerdings eher auf die Steigerung der Wassernutzungseffizienz und die Reduzierung von Wasserverlusten.

86. CFS-RAI-Prinzipien, 8.iii.

87. CFS-RAI-Prinzipien, 6.iii. Zudem sollte die Lebensmittelverschwendung evaluiert werden, insbesondere indem sie gemessen wird. Sofern möglich, sollte die Verschwendung auf ein Mindestmaß reduziert werden, indem z.B. Technologien an Dritte transferiert werden oder das Bewusstsein für Lebensmittelverschwendung und ihre Folgen geschärft wird. Wenn sich die Verschwendung nicht vermeiden lässt, sollte der Anteil der in Deponien entsorgten Lebensmittel so gering wie möglich gehalten werden, indem sie z.B. als Futtermittel eingesetzt oder gegebenenfalls in Energie umgewandelt werden.

88. IFC Performance Standard 3.6.

89. CFS-RAI-Prinzipien, 6.v.

90. OECD-Leitsätze, II.A.5 u. 15, sowie VII.

91. VGGT, 6.9, 8.9, 9.12, 16.6, 17.5.
92. Wegen näherer Einzelheiten darüber, wie die Staaten wirksame Maßnahmen zur Abschreckung und Vorbeugung von Bestechung ausländischer Amtsträger im internationalen Geschäftsverkehr sowie zur Bekämpfung dieser Bestechung ergreifen können, vgl. die OECD-Empfehlung des Rats zur weiteren Bekämpfung der Bestechung ausländischer Amtsträger im internationalen Geschäftsverkehr, auf Englisch abrufbar unter *http://www.oecd.org/daf/anti-bribery/44176910.pdf*.
93. OECD-Leitsätze, XI.1-2.
94. OECD-Leitsätze, X.2-3.
95. OECD-Leitsätze, IX.1-2 ; CFS-RAI-Prinzipien, 7.iv.
96. CFS-RAI-Prinzipien, 7.ii; Internationaler Vertrag über pflanzengenetische Ressourcen für Ernährung und Landwirtschaft, Art. 9.3.
97. OECD-Leitsätze, IX.

Literaturverzeichnis

CAO (2013), *2013 Annual Report*, Compliance Advisor Ombudsman, Washington DC.

CAO (2008), *A Guide to Designing and Implementing Grievance Mechanisms for Development Projects*, Advisory Note, Compliance Advisor Ombudsman, Washington DC.

DEFRA (2003), "Preface", in *The Code of Recommendations for the Welfare of Livestock*, United Kingdom Department of Environment, Food and Rural Affairs, London.

Europäische Kommission (2011), *Report – A Sectoral Approach to CSR to Tackle Societal Issues in the Food Supply Chain*, High Level Forum for a Better Functioning Food Supply Chain, Expert Platform on the Competitiveness of the Agro-food Industry, Europäische Kommission, Brüssel.

FAO (2013), *Trends and Impacts of Foreign Agricultural Investment in Developing Country Agriculture: Evidence from Case Studies*, Ernährungs- und Landwirtschaftsorganisation der Vereinten Nationen, Rom.

FAO (2011), *Report of Expert Meeting on International Investment in the Agricultural Sector of Developing Countries*, 22.-23. November 2011, Ernährungs- und Landwirtschaftsorganisation der Vereinten Nationen, Rom.

FAO (2010), *Principles for Responsible Agricultural Investment that Respects Rights, Livelihoods and Resources*, Discussion Note der FAO, IFAD, UNCTAD und der Weltbankgruppe, Ernährungs- und Landwirtschaftsorganisation der Vereinten Nationen, Rom.

IFC (2014), *Improving Animal Welfare in Livestock Operations*, Good Practice Note, Internationale Finanz-Corporation, Washington DC.

IFC (2012), *IFC Performance Standards*, Internationale Finanz-Corporation, Washington DC.

IFC (2009), *Addressing Grievances from Project-Affected Communities – Guidance for Projects and Companies on Designing Grievance Mechanisms*, Good Practice Note No. 7, Internationale Finanz-Corporation, Washington DC.

IFPRI (2006), „Understanding the links between agriculture and health: Occupational health hazards of agriculture" , *2020 Vision Focus Brief*, No. 13(8), International Food Policy Research Institute, Washington DC.

ILO (2011a), "Unleashing rural development through productive employment and decent work: Building on 40 years of ILO work in rural areas", *Paper to the Governing Body's Committee on Employment and Social Policy*, Internationale Arbeitsorganisation, Genf.

ILO (2011b), *Safety and Health in Agriculture, Code of Practice*, Internationale Arbeitsorganisation, Genf.

ILO (2008), *The Labour Principles of the United Nations Global Compact: A Guide for Business*, Internationale Arbeitsorganisation, Genf.

ILO (2006), *Dreigliedrige Grundsatzerklärung über multinationale Unternehmen und Sozialpolitik*, Internationale Arbeitsorganisation, Genf.

ILO (2005), *Safety and Health in Agriculture*, Internationale Arbeitsorganisation, Genf.

McDermott M., C. Selebalo und S. Boydell (2015), *Towards the Valuation of Unregistered Land*, Paper für die „2015 World Bank Conference on Land and Poverty", Weltbank, Washington DC, 23.-27. März 2015.

OECD (2011), *OECD-Leitsätze für multinationale Unternehmen*, OECD Publishing, Paris, *http://mneguidelines.oecd.org/text*.

OECD (2006), *OECD Risk Awareness Tool for Multinational Enterprises in Weak Governance Zones*, OECD Publishing, Paris, *www.oecd.org/daf/inv/corporateresponsibility/36885821.pdf*.

RSPCA (2014), *Large-scale Farming – A Briefing Paper with an Emphasis on Dairy Farming*, Royal Society for the Prevention of Cruelty to Animals, Southwater.

The Munden Project/Rights and Resources Initiative (2013), „Global Capital, Local Concessions: A Data-Driven Examination of Land Tenure Risk and Industrial Concessions in Emerging Market Economies", The Munden Project Ltd.

TI (2011), "Corruption in the land sector", *Working Paper*, No. 04/2011, Transparency International.

VN (2009), *Large-scale land acquisitions and leases – A set of minimum principles and measures to address the human rights challenge*, Bericht des Sonderberichterstatters über das Recht auf Nahrung, VN-Dokument A/HRC/13/33/3/Add.2, Vereinte Nationen, *www.srfood.org/images/stories/pdf/officialreports/20100305_a-hrc-13-33-add2_land-principles_en.pdf*.

UNCTAD (2009), *World Investment Report 2009: Transnational Corporations, Agricultural Production and Development*, Handels- und Entwicklungskonferenz der Vereinten Nationen, New York und Genf.

UNEP (2015), *Bank and Investor Risk Policies on Soft Commodities – A Framework to Evaluate Deforestation and Forest Degradation Risk in the Agricultural Value Chain*, Umweltprogramm der Vereinten Nationen.

UN-HABITAT (2015), *Issue Papers and Policy Units of the Habitat III Conference*, Preparatory Committee of the United Nations Conference on Housing and Sustainable Urban Development, Nairobi.

Weltbank und UNCTAD (2014), *The Practice of Responsible Investment in Larger-Scale Agricultural Investments – Implications for Corporate Performance and Impacts on Local Communities*, World Bank Report Number 86175-GLB, Agriculture and Environmental Services Discussion Paper 08, Weltbank und Handels- und Entwicklungskonferenz der Vereinten Nationen, Washington DC.

Anhang B

Zusammenarbeit mit indigenen Völkern

Wie in dem Muster einer Unternehmenspolitik dargelegt, sollten vor der Aufnahme einer Geschäftstätigkeit, die Auswirkungen auf bestimmten Gemeinden haben könnte, nach Treu und Glauben effektive und zweckdienliche Konsultationen mit diesen geführt werden, ebenso wie während und nach Abschluss der Geschäftstätigkeit. Zudem bringen einige internationale Instrumente und Standards eine staatliche Verpflichtung zur Durchführung von Konsultationen zum Ausdruck, um die freiwillige und in Kenntnis der Sachlage erteilte vorherige Zustimmung indigener Völker vor der Genehmigung eines Projekts zu erhalten, das Auswirkungen auf ihr Land oder ihre Gebiete und andere Ressourcen hat[1]. Einigen Menschenrechtsorganen und indigenen Völkern zufolge leitet sich der Begriff der freiwilligen und in Kenntnis der Sachlage erteilten vorherigen Zustimmung aus den Selbstverwaltungs-, territorialen und kulturellen Rechten indigener Völker ab und ist notwendig für die Verwirklichung dieser Rechte. Manche Staaten verfügen über Rechtsvorschriften, die mit der Verpflichtung, sich zu verständigen und zu kooperieren, um die freiwillige und in Kenntnis der Sachlage erteilte vorherige Zustimmung zu erhalten, im Einklang stehen[2].

Die CFS-RAI-Prinzipien und die VGGT rufen zur Durchführung zweckdienlicher Konsultationen auf, um die freiwillige und in Kenntnis der Sachlage erteilte vorherige Zustimmung indigener Völker zu erhalten. Darüber hinaus verlangen einige große Agrarnahrungsmittelunternehmen und Commodity Roundtables unter bestimmten Umständen die Erlangung der freiwilligen und in Kenntnis der Sachlage erteilten vorherigen Zustimmung. So verlangt beispielsweise der Round Table on Sustainable Palm Oil (RSPO) die freiwillige und in Kenntnis der Sachlage erteilte vorherige Zustimmung der betroffenen Gruppen für die Nutzung von Flächen für Palmölplantagen[3]. Die OECD-Leitsätze verweisen auf Instrumente der Vereinten Nationen in Bezug auf die Rechte indigener Völker im Zusammenhang mit negativen Auswirkungen für die Menschenrechte, sie enthalten jedoch keinen Hinweis auf die freiwillige und in Kenntnis der Sachlage erteilte vorherige Zustimmung[4].

Definition indigener Völker

Es gibt keine einheitliche Definition indigener Völker, und indigene Gruppen sind keine homogenen Einheiten. Die Internationale Arbeitsorganisation (ILO) hat indigene Völker laut ihrem Übereinkommen Nr. 169 jedoch als soziale und kulturelle Gruppe charakterisiert, die sich von anderen Gruppen unterscheidet und die folgenden Merkmale in mehr oder weniger starker Ausprägung aufweist:

- das Gefühl der Zugehörigkeit zu einer eigenen kulturellen Gruppe;
- einen traditionellen Lebensstil;

- eine Kultur und eine Lebensweise, die von denen der anderen Teile der Landesbevölkerung abweichen, z.B. in Bezug auf die Art und Weise, wie sie für ihren Lebensunterhalt sorgen, ihre Sprache, Bräuche usw.;
- eine eigene Gesellschaftsorganisation, die traditionelle Bräuche und/oder Gesetze umfassen kann[5].

Das Gefühl der Zugehörigkeit zu einer indigenen Gruppe sollte als grundlegendes Kriterium für die Bestimmung indigener Völker angesehen werden[6].

Indigene Völker erleben negative Auswirkungen auf Grund ihrer Beziehung zum Land, das oftmals eine große Bedeutung für ihre sozialen, kulturellen und religiösen Praktiken, ihre Kultur und ihren sozioökonomischen Status hat, möglicherweise anders oder akuter als andere Interessengruppen. Sie gehören häufig zu den am stärksten marginalisierten und verwundbaren Teilen der Bevölkerung. Sie werden möglicherweise diskriminiert und können hohe Armutsquoten aufweisen, wodurch sie besonders gefährdet und weniger resilient gegenüber negativen Auswirkungen sind. Unabhängig von dem Rechtsrahmen, in dem eine Geschäftstätigkeit stattfindet, haben sie oftmals gewohnheitsrechtliche oder traditionelle Rechte auf Grund ihrer Beziehung zu dem betreffenden Land, ihrer Kultur und ihres sozioökonomischen Status:

- **Land:** Indigene Völker haben oftmals eine besondere Beziehung und/oder Gewohnheitsrechte gegenüber dem Land ihrer Vorfahren. Diese Beziehung zum Land ist ein Erkennungsmerkmal indigener Völker, weshalb Effekte, die das Land betreffen, z.B. Einschränkung oder Verlust des Zugangs zu Land oder Umweltzerstörung, indigene Völker, ihre Lebensgrundlagen und Kultur stärker beeinträchtigen können als andere, nichtindigene Gruppen betroffener Akteure. Zudem werden die gewohnheitsrechtlichen Landrechte indigener Völker im nationalen Recht möglicherweise nicht anerkannt. Im Rahmen der Konsultationen sollte der immaterielle Wert heiliger Stätten bzw. der Gebiete von kultureller Bedeutung geprüft werden.
- **Kultur:** Indigene Völker verfügen möglicherweise über einzigartige kulturelle Werte und Merkmale, die im Umgang mit ihnen berücksichtigt und respektiert werden sollten. So kann beispielsweise der Schutz der Privatsphäre für indigene Völker von besonderer Bedeutung sein, z.B. auf Grund in der Vergangenheit gemachter Erfahrungen mit sozialer oder kultureller Diskriminierung und Marginalisierung oder einer Sensibilität auf Grund eines mangelnden Kontakts mit Mainstream-Kulturen. In solchen Fällen könnte zu einer angemessenen Einbeziehungspraxis beispielsweise zählen, als Schutz vor Störungen des kulturellen Lebens um Erlaubnis zu bitten, wenn Aufzeichnungen über Rituale, Zeremonien und Initiationsriten erstellt werden. Dies ist besonders dann wichtig, wenn die Geschäftstätigkeit zur Umsiedlung und/oder Verdrängung führt. Da die traditionelle Lebensweise indigener Völker in der Regel eng mit einem bestimmten Gebiet verbunden ist, könnte eine Umsiedlung zum Verlust sozialer Netzwerke, zur Erosion des kulturellen Lebens und zum Verlust der Sprache und der eigenen Identität führen. Die Beschäftigung in Großbetrieben könnte von einigen indigenen Völkern ebenfalls als negative Entwicklung zu Lasten traditioneller Beschäftigungen betrachtet werden. Die Einführung einer Bargeldwirtschaft ist möglicherweise mit den zuvor bestehenden Tauschbeziehungen inkompatibel. Die Zusammenarbeit mit indigenen Völkern kann Möglichkeiten aufzeigen, diese Auswirkungen abzuschwächen und ihren Erwartungen und Prioritäten Rechnung zu tragen.
- **Sozioökonomischer Status:** In vielen Teilen der Welt gehören indigene Völker zu den am stärksten marginalisierten und verwundbaren Teilen der Bevölkerung.

Sie werden häufig diskriminiert und sind in hohem Maße von Armut und sozialer Benachteiligung betroffen. Sie sind oftmals weniger sachkundig und weniger gut in der Lage, ihre Rechte durchzusetzen und ihr kulturelles Erbe zu verteidigen. Dies bedeutet, dass sie möglicherweise eine geringere Resilienz gegenüber Schocks und negativen Auswirkungen aufweisen und anfälliger für schwerwiegende wirtschaftliche und soziale Folgen sind. Sie sprechen u.U. einzigartige Dialekte oder stützen sich auf die mündliche Überlieferung, um Informationen zu kommunizieren, was zu Schwierigkeiten im Hinblick auf eine wirkungsvolle Kommunikation führen und innovative Methoden der Konsultation und Zusammenarbeit erforderlich machen kann. Darüber hinaus ist es wichtig zu berücksichtigen, dass in der Vergangenheit entstandene Konflikte nach wie vor aktuell sein könnten, die die Geschäftstätigkeit verkomplizieren könnten.

Indigene Gruppen setzen sich aus Individuen zusammen, die negative Auswirkungen unterschiedlich erleben können, und umfassen stärker gefährdete Gruppen, z.B. Frauen und Kinder, denen im Rahmen der Zusammenarbeit besondere Aufmerksamkeit geschenkt werden sollte.

Den Prozess der Erlangung der freiwilligen und in Kenntnis der Sachlage erteilten vorherigen Zustimmung umsetzen

Unternehmen sollten die inländischen Gesetze und Rechtsvorschriften stets einhalten und die einschlägigen international anerkannten Menschenrechte respektieren[7]. Unabhängig von Regulierungsauflagen oder Betriebserfordernissen und während der gesamten Projektplanung sollten sie antizipieren, dass indigene Völker möglicherweise Konsultationen im Hinblick auf die Erlangung einer freiwilligen und in Kenntnis der Sachlage erteilten vorherigen Zustimmung erwarten und dass Risiken entstehen können, wenn diese Erwartungen nicht erfüllt werden. In Staaten, in denen keine freiwillige und in Kenntnis der Sachlage erteilte vorherige Zustimmung vorgeschrieben ist, sollten die Unternehmen den vor Ort herrschenden Erwartungen sowie den Risiken für indigene Völker[8] und für die Geschäftstätigkeit infolge des Widerstands vor Ort Rechnung tragen. Sie sollten eine Strategie zur Einbeziehung verfolgen, die die legitimen Erwartungen indigener Völker erfüllt, sofern sie das inländische Recht nicht verletzen.

In dieser Hinsicht könnten sich die folgenden zentralen Schritte bei der Zusammenarbeit mit indigenen Völkern als nützlich erweisen, um den Prozess der Erlangung der freiwilligen und in Kenntnis der Sachlage erteilten vorherigen Zustimmung umzusetzen:

- Mit den betroffenen indigenen Völkern ein Konsultationsverfahren vereinbaren, um auf die freiwillige und in Kenntnis der Sachlage erteilte vorherige Zustimmung hinzuarbeiten. In diesem Rahmen sollten die konkreten gegenwärtigen und künftigen Tätigkeiten benannt werden, für die die Zustimmung eingeholt werden sollte[9]. In manchen Fällen könnte es angemessen sein, sich mittels einer formellen oder rechtlichen Vereinbarung zu diesem Verfahren zu verpflichten[10]. Das Verfahren sollte immer auf nach Treu und Glauben geführten Verhandlungen beruhen, die frei von Zwang, Einschüchterung oder Manipulation geführt werden.
- Konsultationen durchführen und sich darauf verständigen, was für die betroffenen indigenen Völker eine angemessene Zustimmung darstellt, die mit ihren Governance-Institutionen, ihrem Gewohnheitsrecht und ihren Praktiken im Einklang steht, z.B. ob es sich dabei um einen Mehrheitsbeschluss der Gemeinschaft oder eine Billigung durch den Ältestenrat handelt. Die indigenen Völker sollten sich über ihre eigenen

frei gewählten Vertreter und gewohnheitsrechtlichen oder sonstigen Institutionen beteiligen können.

- Sich zu einem möglichst frühen Zeitpunkt in der Projektplanung um die Zustimmung bemühen, ehe Tätigkeiten, für die die Zustimmung eingeholt werden sollte, beginnen oder genehmigt werden.
- Anerkennen, dass die Einholung der freiwilligen und in Kenntnis der Sachlage erteilten vorherigen Zustimmung ein schrittweiser Prozess ist und in der Regel nicht im Rahmen einer einmaligen Diskussion erfolgen wird. Ein kontinuierlicher Dialog mit der lokalen Gemeinschaft wird zu einer auf Vertrauen beruhenden Beziehung und einer ausgewogenen Vereinbarung führen, die der Investition in allen Projektphasen zugutekommen wird.
- Den indigenen Bevölkerungsgruppen alle Informationen im Zusammenhang mit der Geschäftstätigkeit rechtzeitig, objektiv, sachlich richtig und für sie verständlich zur Verfügung stellen.
- Eingegangene Verpflichtungen/erzielte Vereinbarungen dokumentieren, gegebenenfalls einschließlich der Spezifizierung, für welche Tätigkeiten die Zustimmung erteilt bzw. verweigert wurde, alle Bedingungen für die Zustimmung sowie Bereiche, in denen die Verhandlungen laufen, und der indigenen Bevölkerungsgruppe diese Dokumentation in einer für sie verständlichen Form und Sprache zeitnah übermitteln.
- Festlegen, welche Maßnahmen ergriffen werden, wenn *a)* sich die indigenen Völker weigern, Verhandlungen aufzunehmen, und *b)* die indigenen Völker ihre Zustimmung zu Tätigkeiten auf ihrem Gebiet verweigern.

Auf eine fehlende Zustimmung oder die Ablehnung von Gesprächen reagieren

Wenn eine indigene Bevölkerungsgruppe die Zustimmung verweigert, sollte das Unternehmen die Bevölkerungsgruppe konsultieren, um die Gründe für die fehlende Zustimmung zu verstehen und zu prüfen, ob die bestehenden Bedenken überwunden oder berücksichtigt werden können. Eine freiwillig und in Kenntnis der Sachlage erteilte vorherige Zustimmung sollte nicht willkürlich entzogen werden.

In Fällen, in denen die Zustimmung nicht erteilt wird oder in denen indigene Bevölkerungsgruppen sich Gesprächen verweigern, können für das Unternehmen materielle Risiken und für die indigene Bevölkerung negative Auswirkungen entstehen. In Situationen, in denen das Vorantreiben von Projekten negative Auswirkungen auf indigene Bevölkerungsgruppen haben wird, sollte das Unternehmen die notwendigen Maßnahmen ergreifen, um solche Auswirkungen abzustellen bzw. zu verhindern[11].

Wenn ein Unternehmen im Rahmen seiner Due-Diligence-Prüfung[12] zu dem Schluss kommt, dass eine Zustimmung erforderlich ist, um eine Tätigkeit durchzuführen, und im Rahmen des vereinbarten Prozesses keine Zustimmung erlangt wurde, sollten die Tätigkeiten nicht durchgeführt werden, sofern es in der Folge nicht zu einer freiwilligen und in Kenntnis der Sachlage erteilten vorherigen Zustimmung kommt. Beispielsweise sollte ein von der IFC finanziertes Projekt unabhängig von der Genehmigung durch den Staat nicht durchgeführt werden, wenn die Umsiedlung indigener Bevölkerungsgruppen erforderlich ist und keine freiwillige und in Kenntnis der Sachlage erteilte vorherige Zustimmung von diesen erlangt wird.

Auszüge aus den bestehenden Instrumenten und Standards

Standard	Wortlaut in Bezug auf die freiwillige und in Kenntnis der Sachlage erteilte vorherige Zustimmung
Erklärung der Vereinten Nationen über die Rechte der indigenen Völker*	*Eine Umsiedlung darf nur mit freiwilliger und in Kenntnis der Sachlage erteilter vorheriger Zustimmung der betroffenen indigenen Völker stattfinden (Artikel 10).* *Die Staaten haben durch gemeinsam mit den indigenen Völkern entwickelte wirksame Mechanismen, die gegebenenfalls die Rückerstattung einschließen, Wiedergutmachung zu leisten für das kulturelle, geistige, religiöse und spirituelle Eigentum, das diesen Völkern ohne ihre freiwillige und in Kenntnis der Sachlage erteilte vorherige Zustimmung oder unter Verstoß gegen ihre Gesetze, Traditionen und Bräuche entzogen wurde (Artikel 11).* *Die Staaten verständigen sich und kooperieren nach Treu und Glauben mit den betroffenen indigenen Völkern, über deren eigene repräsentative Institutionen, um ihre freiwillige und in Kenntnis der Sachlage erteilte Zustimmung zu erhalten, bevor sie ein Projekt genehmigen, das sich auf ihr Land oder ihre Gebiete und sonstigen Ressourcen auswirkt, insbesondere im Zusammenhang mit der Erschließung, Nutzung oder Ausbeutung von Bodenschätzen, Wasservorkommen oder sonstigen Ressourcen (Artikel 32).* Weitere Verweise auf die freiwillige und in Kenntnis der Sachlage erteilte vorherige Zustimmung sind in Artikel 19, 29 und 30 enthalten.
ILO-Übereinkommen Nr. 169 über eingeborene und in Stämmen lebende Völker in unabhängigen Ländern**	*Falls die Umsiedlung dieser Völker ausnahmsweise als notwendig angesehen wird, darf sie nur mit deren freiwilliger und in voller Kenntnis der Sachlage erteilter Zustimmung stattfinden. Falls ihre Zustimmung nicht erlangt werden kann, darf eine solche Umsiedlung nur nach Anwendung geeigneter, durch die innerstaatliche Gesetzgebung festgelegter Verfahren, gegebenenfalls einschließlich öffentlicher Untersuchungen, stattfinden, die den betreffenden Völkern Gelegenheit für eine wirksame Vertretung bieten (Artikel 16).*
CFS-RAI-Prinzipien	*Verantwortliche Investitionen in die Landwirtschaft und Nahrungsmittelsysteme sollten … inklusive und transparente Governance-Strukturen, Prozesse, Entscheidungsfindung … durch … Führung effektiver und zweckdienlicher Konsultationen mit indigenen Bevölkerungsgruppen über deren eigene repräsentative Einrichtungen umfassen, um gemäß der Erklärung der Vereinten Nationen über die Rechte indigener Völker und unter gebührender Berücksichtigung besonderer Positionen und Auffassungen einzelner Staaten deren freiwillige und in Kenntnis der Sachlage erteilte vorherige Zustimmung zu erhalten (Prinzip 9).*
VGGT	*Die Staaten und anderen Parteien sollten nach Treu und Glauben Konsultationen mit indigenen Völkern abhalten, ehe sie ein Projekt starten bzw. gesetzliche und administrative Maßnahmen einführen und umsetzen, die sich auf die Ressourcen auswirken, an denen die Gemeinden Rechte besitzen. Solche Projekte sollten auf effektiven und zweckdienlichen Konsultationen mit indigenen Bevölkerungsgruppen über deren eigene repräsentative Einrichtungen beruhen, um gemäß der Erklärung der Vereinten Nationen über die Rechte indigener Völker und unter gebührender Berücksichtigung besonderer Positionen und Auffassungen einzelner Staaten deren freiwillige und in Kenntnis der Sachlage erteilte vorherige Zustimmung zu erhalten (Absatz 9.9).* *Im Falle indigener Völker und ihrer Gemeinden sollten die Staaten sicherstellen, dass alle Handlungen mit ihren bestehenden Verpflichtungen nach nationalem und internationalem Recht im Einklang stehen und unter gebührender Berücksichtigung der im Rahmen regionaler und internationaler Instrumente eingegangenen freiwilligen Verpflichtungen erfolgen, darunter gegebenenfalls jenen aus dem ILO-Übereinkommen Nr. 169 über eingeborene und in Stämmen lebende Völker in unabhängigen Ländern und aus der Erklärung der Vereinten Nationen über die Rechte der indigenen Völker (Abs. 12.7).*
Akwe:Kon-Richtlinien	*Bei der Durchführung von Kulturfolgenabschätzungen sollte den Trägern von traditionellem Wissen, Innovationen und Praktiken sowie dem Wissen selbst gebührend Rechnung getragen werden … Im Falle der Offenlegung von geheimem und/oder heiligem Wissen sollten die in Kenntnis der Sachlage erteilte vorherige Zustimmung und angemessene Schutzmaßnahmen gewährleistet sein (Abs. 29).* *Die folgenden allgemeinen Erwägungen sollten bei der Durchführung einer Folgenabschätzung für eine Erschließung, die auf heiligen Stätten bzw. auf Land und Gewässern, die traditionell von indigenen und lokalen Bevölkerungsgruppen bewohnt oder genutzt werden, erfolgen soll oder Auswirkungen auf solche haben dürfte, ebenfalls berücksichtigt werden:* ● *In Kenntnis der Sachlage erteilte vorherige Zustimmung der betroffenen indigenen und lokalen Bevölkerungsgruppen: Wenn das nationale Rechtssystem die in Kenntnis der Sachlage erteilte vorherige Zustimmung indigener und lokaler Bevölkerungsgruppen vorschreibt, sollte im Rahmen des Abschätzungsverfahrens geprüft werden, ob eine solche in Kenntnis der Sachlage erteilte vorherige Zustimmung erhalten wurde. Die für die verschiedenen Phasen des Folgenabschätzungs-*

Standard	Wortlaut in Bezug auf die freiwillige und in Kenntnis der Sachlage erteilte vorherige Zustimmung
	verfahrens geltende in Kenntnis der Sachlage erteilte vorherige Zustimmung sollte den Rechten, dem Wissen, den Innovationen und den Praktiken der indigenen und lokalen Gemeinden, der Angemessenheit der Sprache und des Verfahrens, der Einplanung ausreichender Zeit und der Bereitstellung zutreffender, sachlicher und rechtlich einwandfreier Informationen Rechnung tragen. Änderungen des ursprünglichen Erschließungsentwurfs machen die zusätzliche in Kenntnis der Sachlage erteilte vorherige Zustimmung der betroffenen indigenen und lokalen Gemeinden erforderlich (Abs. 53). ● *Eigentum, Schutz und Kontrolle im Hinblick auf traditionelles Wissen, Innovationen und Praktiken sowie Technologien, die in kulturellen, ökologischen und sozialen Folgenabschätzungsprozessen verwendet werden … Solches Wissen sollte nur mit der in Kenntnis der Sachlage erteilten vorherigen Zustimmung der Eigentümer dieses traditionellen Wissens verwendet werden (Abs. 60).*
Performance Standards der IFC	*Für den Begriff der freiwilligen und in Kenntnis der Sachlage erteilten vorherigen Zustimmung gibt es keine allgemein anerkannte Definition. Die freiwillige und in Kenntnis der Sachlage erteilte vorherige Zustimmung baut auf dem in Performance Standard 1 beschriebenen Prozess der in Kenntnis der Sachlage erfolgenden Konsultation und Partizipation auf und erweitert diesen; sie wird durch nach Treu und Glauben geführte Verhandlungen zwischen dem Kunden und den betroffenen Gemeinden indigener Völker erlangt. Der Kunde dokumentiert: a) den von beiden Seiten akzeptierten Prozess zwischen dem Kunden und den betroffenen indigenen Bevölkerungsgruppen und b) Nachweise über die Einigung zwischen den Parteien als Ergebnis der Verhandlungen. Die freiwillige und in Kenntnis der Sachlage erteilte vorherige Zustimmung muss nicht zwingend einstimmig erteilt werden und kann auch erreicht werden, wenn Einzelne oder Gruppen innerhalb der Gemeinde explizit nicht einverstanden sind.* *Die betroffenen Gemeinden indigener Völker sind möglicherweise besonders gefährdet durch den Verlust, die Entfremdung von ihrem Land bzw. die Ausbeutung dieses Landes und des Zugangs zu natürlichen und kulturellen Ressourcen. In Anerkennung dieser Gefährdung erhält der Kunde die freiwillige und in Kenntnis der Sachlage erteilte vorherige Zustimmung der betroffenen Gemeinden indigener Völker unter folgenden Umständen:* ● *Auswirkungen auf das Land und die natürlichen Ressourcen, die sich in traditionellem Besitz befinden oder über die gewohnheitsrechtlich verfügt wird;* ● *Umsiedlung indigener Bevölkerungsgruppen von Land und natürlichen Ressourcen, die sich in traditionellem Besitz befinden oder über die gewohnheitsrechtlich verfügt wird: Der Kunde prüft realisierbare alternative Projektgestaltungen, um die Umsiedlung indigener Bevölkerungsgruppen von in Gemeinschaftsbesitz befindlichem Land und natürlichen Ressourcen zu vermeiden, die sich in traditionellem Besitz befinden oder über die gewohnheitsrechtlich verfügt wird. Wenn eine solche Umsiedlung unvermeidlich ist, wird der Kunde mit dem Projekt nicht fortfahren, sofern keine freiwillige und in Kenntnis der Sachlage erteilte vorherige Zustimmung erlangt wurde;* ● *Wichtiges kulturelles Erbe: Wo erhebliche Auswirkungen eines Projekts auf ein wichtiges kulturelles Erbe unvermeidlich sind, wird der Kunde die freiwillige und in Kenntnis der Sachlage erteilte vorherige Zustimmung der betroffenen Gemeinden indigener Völker einholen. Wenn im Rahmen eines Projekts das kulturelle Erbe, einschließlich von Wissen, Innovationen oder Praktiken indigener Völker, für kommerzielle Zwecke genutzt werden soll, wird der Kunde die freiwillige und in Kenntnis der Sachlage erteilte vorherige Zustimmung der betroffenen Gemeinden indigener Völker einholen.*

* Die Erklärung von 2007 ist ein nicht rechtsverbindliches Dokument, das von der VN-Generalversammlung angenommen wurde, wobei 143 Staaten dafür stimmten, 4 dagegen und sich 11 Staaten enthielten. Es entspricht ihren politischen Absichten.

** Dieses Übereinkommen von 1989 ist verbindlich für die 22 Staaten, die dieses ratifiziert haben. Seine Annahme innerhalb der ILO stellt einen Konsens unter den in der ILO vertretenen Sozialpartnern über die Rechte indigener und in Stämmen lebender Völker sowie die diesbezüglichen Schutzpflichten der Staaten dar. Das Übereinkommen beruht auf dem Respekt für die Kulturen und Lebensweisen indigener Völker, der Anerkennung ihrer Eigentums-, Besitz- und Nutzungsrechte sowie ihrem Recht, ihre eigenen Entwicklungsprioritäten zu definieren. Ihre wichtigsten Grundsätze sind Konsultation und Beteiligung.

Weitere Informationen zu FPIC

Expert Mechanism on the Rights of Indigenous Peoples (2011), *Expert Mechanism Advice No. 2: indigenous peoples and the right to participate in decision-making*, Genf.

Foley Hoag (2010), *Implementing a corporate free, prior, and informed consent policy: benefits and challenges*, A. Lehr und G. Smith.

FAO (2014), *Respecting free, prior and informed consent – Practical guidance for governments, companies, NGOs, indigenous peoples and local communities in relation to land acquisition*, Governance of tenure technical guide 3.

ILO (2013), *Understanding the Indigenous and Tribal Peoples Convention*, 1989 (No.169) – Handbook for ILO Tripartite Constituents, International Labour Standards Department.

OECD (2015), *OECD Due Diligence Guidance for Meaningful Stakeholder Engagement in the Extractives Sector.*

Oxfam Australia (2005), *Guide to free, prior and informed consent*, C. Hill, S. Lillywhite und S. Simon, Carlton, Victoria, Australien.

RSB (2011), *RSB guidelines for land rights: respecting rights, identifying risks, avoiding and resolving disputes and acquiring lands through free, prior and informed consent*, Roundtable on Sustainable Biofuels, Genf.

UN Permanent Forum on Indigenous Issues (2005), *Report of the International Workshop on Methodologies Regarding Free, Prior and Informed Consent and Indigenous Peoples*, Dokument E/C.19/2005/3, vorgelegt bei der vierten Sitzung des Ständigen Forums für indigene Fragen (UNPFII), 16.-17. Mai.

Weltbank (2005), *Operational Policy 4.10: Indigenous Peoples*, Washington, DC.

Anmerkungen

1. Die internationalen Instrumente im Hinblick auf indigene Völker sind die Erklärung der Vereinten Nationen über die Rechte der indigenen Völker und das ILO-Übereinkommen Nr. 169. Die Erklärung der Vereinten Nationen über die Rechte der indigenen Völker empfiehlt, dass sich die Staaten in einer Reihe von Situationen mit indigenen Völkern verständigen und mit diesen kooperieren, um ihre freiwillige und in Kenntnis der Sachlage erteilte vorherige Zustimmung zu erhalten, u.a. für Projekte, die sich auf ihr Land oder auf ihre Gebiete und sonstigen Ressourcen auswirken (Artikel 19 und 32). Das ILO-Übereinkommen Nr. 169, das für Staaten, die dieses ratifiziert haben, rechtsverbindlich ist, verpflichtet die Vertragsstaaten zur Konsultation der indigenen Völker mit dem Ziel, Einverständnis oder Zustimmung bezüglich der vorgeschlagenen Maßnahmen zu erreichen (Artikel 6). Wegen Orientierungen zu den Bestimmungen des Übereinkommens über die Zustimmung vgl. ILO Handbook for ILO Tripartite Constituents – Understanding the Indigenous and Tribal Peoples Convention, 1989 (No. 169) (2013). Andere VN-Organe vertreten die Ansicht, dass die internationalen Standards im Hinblick auf die freiwillige und in Kenntnis der Sachlage erteilte vorherige Zustimmung gleichermaßen für nichtstaatliche Akteure gelten. Zu diesen Organen zählen das Ständige Forum der Vereinten Nationen für indigene Fragen, die Arbeitsgruppe der Vereinten Nationen für Menschenrechte und transnationale Unternehmen und andere Wirtschaftsunternehmen, der Sonderberichterstatter der Vereinten Nationen für die Rechte der indigenen Völker, der Expertenmechanismus der Vereinten Nationen für die Rechte der indigenen Völker sowie mehrere Menschenrechtsvertragsorgane der Vereinten Nationen.
2. FAO, "Respecting free, prior and informed consent – practical guidance for governments, companies, NGOs, indigenous peoples and local communities in relation to land acquisition" (2014), S. 7, *www.fao.org/3/a-i3496e.pdf*.
3. In den vom RSPO-Vorstand verabschiedeten und auf der Außerordentlichen Hauptversammlung der RSPO-Mitglieder am 25. April 2013 angenommenen „Grundsätzen und Kriterien für die Erzeugung nachhaltigen Palmöls" ist ausgeführt, dass die Nutzung des Landes für Palmöl die gesetzlichen, gewohnheitsrechtlichen oder Nutzungsrechte anderer Nutzer ohne ihre freiwillige und in Kenntnis der Sachlage erteilte vorherige Zustimmung nicht einschränkt (Grundsatz 2.3). Als Indikator sollten Abschriften der ausgehandelten Vereinbarungen vorliegen, die Ausführungen über den Prozess des Zustandekommens der freiwilligen und in Kenntnis der Sachlage erteilten vorherigen

Zustimmung enthalten, darunter: *a)* Evidenz, dass ein Plan im Rahmen von Konsultationen und Erörterungen mit allen betroffenen Gruppen in den jeweiligen Gemeinden ausgearbeitet wurde und dass allen betroffenen Gruppen Informationen übermittelt wurden, u.a. Informationen über die Schritte, die unternommen werden sollen, um sie an der Entscheidungsfindung zu beteiligen, *b)* Evidenz, dass das Unternehmen die Entscheidungen der Gemeinden, ihre Zustimmung zu der Geschäftstätigkeit zu erteilen oder zu verweigern, unmittelbar respektiert hat, als die Entscheidung getroffen wurde, *c)* Evidenz, dass die rechtlichen, wirtschaftlichen, ökologischen und sozialen Folgen der Erlaubnis der Geschäftstätigkeit auf ihrem Land von den betroffenen Gemeinden verstanden und akzeptiert wurden, darunter die Auswirkungen auf den rechtlichen Status ihres Landes zum Zeitpunkt des Auslaufens des Titels, der Konzession oder des Pachtvertrags des Unternehmens für das Land.

4. Vgl. die OECD-Leitsätze IV.40: „Die Unternehmen [sollen] beispielsweise die Menschenrechte von Personen, die bestimmten Gruppen oder Bevölkerungsteilen angehören, die besonderer Aufmerksamkeit bedürfen, überall dort achten, wo sie negative menschenrechtliche Auswirkungen auf diese haben könnten. In diesem Zusammenhang präzisieren die Instrumente der Vereinten Nationen die Rechte von indigenen Völkern [...]."

5. Das ILO-Übereinkommen Nr. 169 enthält die folgenden Definitionen indigener und in Stämmen lebender Völker. *In Stämmen lebende Völker*: sie unterscheiden sich infolge ihrer sozialen, kulturellen und wirtschaftlichen Verhältnisse von anderen Teilen der nationalen Gemeinschaft, und ihre Stellung ist ganz oder teilweise durch die ihnen eigenen Bräuche oder Überlieferungen oder durch Sonderrecht geregelt; *indigene Völker*: sie stammen von Bevölkerungsgruppen ab, die in dem Land oder in einem geografischen Gebiet, zu dem das Land gehört, zur Zeit der Eroberung oder Kolonisierung oder der Festlegung der gegenwärtigen Staatsgrenzen ansässig waren und die, unbeschadet ihrer Rechtsstellung, einige oder alle ihrer traditionellen sozialen, wirtschaftlichen, kulturellen und politischen Einrichtungen beibehalten.

6. Vgl. ILO-Übereinkommen Nr. 169, Artikel 1.2.

7. OECD-Leitsätze, I.2 und IV. 1.

8. Die folgenden Ressourcen bieten Einzelheiten zu den Erwartungen von Gemeinschaften im Hinblick auf die freiwillige und in Kenntnis der Sachlage erteilte vorherige Zustimmung: *Guide to Free Prior and Informed Consent* (2014), Oxfam Australia; *Making Free Prior and Informed Consent a Reality: Indigenous Peoples and the Extractive Industries,* Doyle C. und Carino J., Middlesex University; PIPLinks & ECCR (2013), *www.ecojesuit.com/wp-content/uploads/2014/09/Making-FPIC-a-Reality-Report.pdf.*

9. Die internationalen Instrumente, auf die in der unten stehenden Tabelle verwiesen wird, benennen die Umstände, in denen die freiwillige und in Kenntnis der Sachlage erteilte vorherige Zustimmung relevant ist, beispielsweise in Fällen, in denen eine Umsiedlung erforderlich ist.

10. Es wurde vorgeschlagen, dass die freiwillige und in Kenntnis der Sachlage erteilte vorherige Zustimmung als verstärkte und formalisiertere Form der Einbeziehung der jeweiligen Gemeinden begriffen werden kann. In der Folge könnten Unternehmen in bestimmten Fällen motiviert sein, einen stärker formalisierten Konsultationsprozess durchzuführen, wenn sie ein Projekt auf einem oder in der Nähe eines von indigenen Gruppen bewohnten Gebiets entwickeln, das erhebliche negative Auswirkungen haben könnte. Vgl. Lehr, A. und G. Smith, Implementing a Corporate Free Prior Informed Consent Policy, *www.foleyhoag.com/publications/ebooks-and-white-papers/2010/may/implementing-a-corporate-free-prior-and-informed-consent-policy*, Foley Hoag, 2010, S. 8. Das World Resources Institute berät Unternehmen, die versuchen, die Herausforderungen, die mit der Errichtung von Verfahren zur Erlangung der freiwilligen und in Kenntnis der Sachlage erteilten vorherigen Zustimmung verbunden sind, durch Herstellung der Rechtsverbindlichkeit des Verfahrens zu überwinden – z.B. durch ein förmliches Übereinkommen zusammen mit anderen empfehlenswerten Praktiken zur Einbeziehung der betroffenen Akteure. Vgl. World Resources Institute, *Development without Conflict: The Business Case for Community Consent* (2007).

11. OECD Guidelines, II.B.18-19 und IV.40 & 42.

12. Um die rechtlichen Verpflichtungen im Hinblick auf die Einbeziehung indigener Völker zu klären, sollte ein Rechtsgutachten erstellt werden.

OECD PUBLISHING, 2, rue André-Pascal, 75775 PARIS CEDEX 16
(20 2016 01 5 P) ISBN 978-92-64-26122-8 – 2016

www.ingramcontent.com/pod-product-compliance
Lightning Source LLC
LaVergne TN
LVHW081419110826
845149LV00010B/1801

* 9 7 8 9 2 6 4 2 6 1 2 2 8 *